정책연구시리즈 2021-19

비은행권 금융기관에 대한 거시건전성 관리강화 방안 연구: 파생결합증권 발행을 중심으로

홍종수

연구보고서 **2021-19**

비은행권 금융기관에 대한 거시건전성 관리강화 방안 연구: 파생결합증권 발행을 중심으로

저 자

홍종수 | 한국개발연구원 연구위원

연구지원

임경원 | 한국개발연구원 전문연구원
송민수 | 한국개발연구원 전문연구원

발간사

본 보고서는 코로나19 경제위기 이후 국고채 발행량이 급격히 증가한 현상이 금융시장과 경제 전반에 어떤 영향을 주고 있는지 살펴보며, 국고채의 국내외 수요 기반에 대해서도 깊이 있게 연구했다. 최근 우리나라는 코로나19 대응을 위한 확장적 재정정책을 펴면서 그 재원을 확보하기 위해 국고채 발행을 크게 늘렸다. 일반적으로 국고채 발행이 증가하면 국고채 금리(수익률)가 올라가게 된다. 금융시장의 수요가 주로 가계, 기업, 정부, 그리고 해외 부문으로 구성된다는 점을 생각하면 국고채 발행량의 증가는 단순히 국고채 금리뿐만 아니라, 가계와 기업이 직면하는 다른 금리들의 상승까지도 초래할 수 있다.

이러한 이유로 국고채의 국내외 수요 기반이 더욱 중요해졌다. 우선 국내 수요 측면에서는 금융시장 내 거시건전성 규제가 국고채 금리에 어떤 영향을 주는지를 자세히 분석했다. 금융건전성 규제는 본래 금융기관 및 그와 연결된 금융시스템 전체의 안정을 유지하기 위해 도입된 것이다. 하지만 일부 금융건전성 규제는 금융시스템의 안정성뿐만 아니라 국고채 수요에도 직접적이거나 간접적인 영향을 주면서 시장금리에도 영향을 미치고 결국 자금이 어디로 흘러가는지, 즉 자원 배분에도 영향을 미칠 수 있다. 본 연구 결과는 앞으로 금융건전성 규제를 새롭게 도입하거나 기존 거시건전성 규제의 강도를 조정할 때 국고채 수요를 통한 금융시장 파급효과까지도 고려할 필요가 있음을 보여주고 있다.

또한 대외 수요 측면에서는 대외불확실성이 외국인 자본 유출입과 환율에 미치는 영향에 대해 연구했다. 일반적으로 VIX(변동성 지수)로 대표되는 국제적인 불확실성이 증가하면 외국인 자본은 빠져나가고, 환율은 상승(원화가치 절하)하는 것으로 알려져 있다. 하지만 최근 들어 이런 현상의 강도가 줄어들고 있음을 확인할 수 있었다. 즉, VIX가 상승해도 외국인 자본이 빠져나가고 환율이 올라가는 정도가 과거와 비교하여 감소한 것이다. 특히 외국인의 국채 수요가 이러한 변화의 주요한 원인으로 보인다.

저자는 본 보고서 작성 과정에서 조언과 비판을 아끼지 않은 연구원 내 동료 연구위원들에게 깊은 감사를 전하고 있다. 더불어 보고서의 질을 높이기 위해 도움을 준 익명의 검토자들과, 자료의 수집과 정리에 애쓴 임경원・송민수 연구원에게도 진심으로 감사의 마음을 전하고 있다.

마지막으로, 본 보고서에서 제시한 모든 견해와 분석 결과는 연구를 진행한 저자 개인의 의견이며, 본원의 공식적인 견해와는 다를 수 있음을 분명히 밝혀둔다.

2021년 12월

한국개발연구원 원장

홍 장 표

목 차

◈ 표 목 차

◈ 그 림 목 차

그림목차

요 약

본 연구는 2008~09년 글로벌 금융위기 이후 국제적으로 중요성이 증가하고 있는 비은행 금융기관(증권사, 보험사 등)에 대한 거시건전성 관리강화 방안 제시를 목적으로 한다. 주요국과 국제금융기구는 비은행 금융기관의 시스템리스크를 관리하기 위한 감독 및 규제 방안을 지속적으로 논의하고 있으며, 이에 발맞추어 새로운 제도를 도입하거나 기존 제도를 개선하고 있다.

이러한 배경에서 본 연구는 한국의 은행 및 비은행 금융기관(특히 증권사 및 보험사)과 개별 금융회사의 시스템리스크가 글로벌 금융위기, 유럽 재정위기, 코로나19 위기 등 주요 금융충격 시기마다 어떻게 변화했는지 분석하였다. 분석방법으로는 시스템리스크 측정의 대표적 지표인 ΔCoVaR를 활용하였다. 분석 결과, 주요 금융위기 시마다 은행, 증권, 보험업권 모두 시스템리스크가 크게 증가한 것으로 나타났으며, 일반적으로 은행업의 시스템리스크가 가장 높은 수준을 보였다. 하지만 업권 간의 시스템리스크 차이는 위기 시마다 다르게 나타났는데, 특히 2020년 3월에 발생한 증권사 마진콜 사태 당시에는 증권사의 시스템리스크가 급격히 증가하여 은행권과의 차이가 과거 위기들에 비하여 현저히 줄어들었다.

추가적으로 본 연구는 금융회사들이 발행한 파생결합증권(ELS)이 시스템리스크(ΔCoVaR)에 미치는 영향을 실증적으로 분석하였다. 분석 결과, 글로벌 금융위기, 유럽 재정위기, 코로나19 위기 시기 모두 ELS 발행 잔액의 증가는 시스템리스크 증가에 유의미한 영향을 미친 것으로 나타났다. 이는 향후 거시건전성 관리 및 금융감독 체계에서 비은행 금융기관의 역할이 더욱 중요해지고 있음을 의미하며, 비은행권에 대한 체계적이고 면밀한 모니터링 및 관리·감독이 필요함을 시사한다.

제1장

서 론

2008~09년 글로벌 금융위기(GFC) 이후 주요국 정부 및 BIS, IMF 등의 국제기구는 비은행 금융기관(Non-Bank Financial Intermediation)에 대한 거시건전성 감독 및 규제에 관한 논의를 활발하게 진행하고 관련 제도를 개선하거나 새로운 제도를 도입하고 있다. 대표적인 예로 G20 정상들은 금융안정위원회(Financial Stability Board: FSB)를 설립(2009년 4월)하여 FSB로 하여금 그림자금융(shadow banking)[1]에 대한 규제방안을 마련토록 하였다(2011년 11월). 이러한 비은행권에 대한 거시건전성 관리의 중요성 증대 및 국내외 제도 변화에 따라 본 연구는 우리나라의 시기별 · 업권별 시스템리스크의 변화 및 파생결합증권(ELS) 발행이 시스템리스크에 미치는 영향을 분석하여 시스템리스크 및 거시건전성 관리에 대한 정책적 시사점을 도출하고자 한다.

글로벌 금융위기 이후 주요국 정책당국과 학계는 비은행 금융기관 시스템을 글로벌 금융위기의 주요 원인 중 하나로 지목하였다. 미국 서브프라임 모기지 대출의 부실로 시작된 2008~09년 글로벌 금융위기 당시, 다수의 미국 및 유럽의 금융기관은 대표적인 비은행 금융중계시장인 Repo(환매조건부 채권) 시장 및 자산담보부 기업어음(Asset Back

---

1 그림자금융(shadow banking)과 비은행 금융기관(non-bank financial intermediation)은 동일한 용어이다. 2018년 10월 금융안정위원회(FSB)는 그림자금융(shadow banking) 용어를 비은행 금융기관(non-bank financial intermediation)로 변경하여 사용하기로 결정하였다.

Commercial Paper: ABCP) 시장에서 기존 채무를 차환하기 어렵게 되었다. 이에 따라 해당 금융기관은 보유 자산의 급매(fire-sale)를 통한 유동성 확보를 시도하였으며, 이는 금융기관이 보유한 자산가격의 급격한 하락 가능성을 높여 단기간에 다수 금융기관의 부도 리스크를 증가시켰다. 이에 따라 미국을 비롯한 주요국 중앙은행은 기준금리를 인하하고, 정부는 부실 금융기관에 자본 및 유동성을 공급하였다(Bernanke, 2006[2]; Gorton and Metrick, 2012).

글로벌 금융위기 수습 이후 전 세계 금융시장에서 비은행 금융기관의 비중은 더욱 커졌다. 2021년 말 기준 전 세계 금융시장에서 비은행 금융기관이 차지하는 비중은 49.2%로 2011년 42.8%에서 6.4%p 증가하였다(FSB, 2020). 이에 대해 학계 및 정책당국은 비은행권에 대한 규제에 비해 더욱 강화된 은행에 대한 규제(바젤Ⅲ 등), 장기간에 걸친 저금리 통화 정책, 보험 및 연기금의 규모 증가 등을 그 원인으로 생각하고 있다.

한편, 코로나19 위기는 비은행권에 대한 거시건전성 규제 강화의 중요성을 다시 부각시켰다. 2020년 2월 말 코로나19 대유행이 시작되고 각국의 폐쇄조치에 대응하여 전 세계 투자자들의 고유동성 자산에 대한 수요가 증가하였다. 특히 2020년 3월 위기가 심화되면서 현금성 자산에 대한 수요가 급증(Dash for Cash)하였고, 이는 중장기 만기의 미국 국채 매도 압력으로 이어졌다. 이에 따라 주요국 국채수익률이 단기간에 급증하였다. 미국 국채의 경우 10년 만기 수익률은 12일간(3월 11~23일) 50bp 급등하였다(당시 금융시장의 혼란에 대해서는 제3장 제2절에 기술함).

이에 대해 전 세계 정책당국과 학계는 단기자금시장과 비은행 금융기관의 취약성이 현금성 자산에 대한 수요와 공급의 불균형을 유발하여 혼란을 확산하였다고 판단하였다. 이에 따라 미국의 경우 PDCF(Primary Dealer Credit Facility) 등의 펀드조성을 통해 금융기관에 대한 단기자금 대출로 시장유동성을 공급했으며, 이후 MMF와 헤지펀드 등의 집합투자기구에 대한 모니터링을 강화하고, 상설 기구인 대기성 Repo 제도 도입

---

2 Bernake 2006 Monetary Policy Report to the Congress. Gorton and Metrick 2012 Getting up to Speed on the Financial Crisis: A One-Weekend-Reader's Guide.

등을 논의하였다. 유럽의 주요국에서도 이와 유사한 정책적 대응이 있었는데, 비은행권에 대한 모니터링을 강화하고 비은행 금융기관의 거시건전성 강화를 위한 제도를 도입 및 개선하고 있다.

우리나라도 글로벌 금융위기 이후 비은행권의 중요성이 커짐에 따라, 이에 대한 거시건전성 관리강화 규제 및 제도를 도입하였다. 2020년 말 비은행권의 총자산은 은행 대비 약 90.4%인데, 이는 2010년 말 72.0%에 비해 약 28.4%p 증가한 수치이다(한국은행, 『금융안정보고서』, 2021. 12). 이에 따라 우리나라 정부는 비은행권 거시건전성 관리강화 방안을 발표 및 시행하였다(금융위원회, 2019. 1. 24).

한편, 코로나19 위기 초기에 우리나라에서도 금융시장의 혼란이 있었다. 우리나라의 경우 해외 주요국의 금융시장 혼란과 다른 메커니즘으로 금융시장의 혼란이 발생 및 전이되었다. 2020년 3월 증권사는 기존에 발행한 파생결합증권의 해외 기초자산의 가격이 급락하여 마진콜이 발생함에 따라 추가 증거금을 내야 했다. 이로 인해 증권사는 외화자금이 필요했으며 이를 확보하는 과정에서 환율과 CP 금리가 단기간에 급등하였다. 이에 대응하여 우리나라 정부와 한국은행은 RP를 통해 비은행 금융회사에 외화유동성을 공급하였으며, 우리나라 정부는 외환건전성 협의회를 신설, 비은행 외화유동성 모니터링 체계 개선, 외화유동성 공급체계 개선, 파생결합증권을 발행한 증권사의 헤지 자산에 대한 분산투자를 유도하는 등 비은행 금융기관의 거시건전성 관리 개선방안을 마련하였다.

거시건전성 관리에서 비은행권의 중요성이 증대되고 국내외 정책 및 제도 변화가 진행되는 상황에서 본 연구는 우리나라의 은행과 비은행(증권사 및 보험사) 업권 및 개별 금융회사의 시기별 시스템리스크를 분석하였다. 시스템리스크를 측정하는 다양한 방법 중 가장 대표적인 ΔCoVaR를 활용하여 시스템리스크를 분석한 결과, 은행업, 증권업, 보험업 시스템리스크가 모두 글로벌 금융위기, 유럽 재정위기, 코로나19 위기 시마다 크게 증가하였다. ΔCoVaR를 기반으로 추정된 은행업의 시스템리스크는 증권업과 보험업에 비해 상대적으로 크게 나타났으나,[3] 업권 간 차이는 위기별로 다른 양상을 보였다. 특히 2020년 3월 마진콜 사태 당시 은행업과 증권업의 시스템리스크 차이는 글로벌 금융위기와 유럽 재정위기 시기와 대비하여 크게 줄어들었다. 이는 마진콜 위기 당시 증권업이 금융시스템 전체 위험에 미친 영향이 글로벌 금융위기와 유럽 재정위기 시기보다 컸음을 의미한다.

또한 본 연구는 금융회사의 ELS 발행이 시스템리스크(ΔCoVaR)에 미치는 영향을 분석하였다. 우선 금융회사의 ΔCoVaR를 추정하고 패널 고정효과 회귀분석을 시행하여 ELS 발행이 시스템리스크에 미친 영향을 분석하였다. 이를 통해 세 번의 위기 기간 동안 금융회사의 ELS 발행잔액의 증가가 ΔCoVaR의 증가에 영향을 미친 것으로 나타났다.

본 연구의 분석 결과는 거시건전성 관리 또는 감독에 있어서 비은행권의 중요성이 증대하였으며, 따라서 비은행권의 시스템리스크에 대한 면밀한 모니터링과 관리·감독 체계의 강화가 필요함을 시사한다. 은행권의 시스템리스크가 증권업과 보험사에 비해 상대적으로 크나, 위기마다 각 업권이 금융시장 전체에 미치는 상대적 영향은 다를 수 있다. 또한 비은행권의 경우 ELS 발행, 헤지(hedge) 및 자금조달 방식에서 볼 수 있듯이 은행과 달리 다양한 방식으로 금융시장의 위험에 영향을 미칠 수 있다.

본 보고서의 구성은 다음과 같다. 제2장에서는 시스템리스크 측정 및 비은행권 거시건전성과 관련된 기존 연구에 대해 살펴본다. 제3장에서는 비은행 금융기관 현황 및 정책 동향에 대해 소개한다. 제4장에서는 본 보고서에서 활용한 시스템리스크 분석방법인 ΔCoVaR와 그 추정방법을 소개하고, 제5장에서는 실증분석 결과를 소개하며, 마지막으로 제6장에서는 결론과 함께 보고서를 마무리한다.

---

3 다만, 은행의 경우 증권업과 보험업에 비해 바젤III 등의 건전성 관리체계가 강화되었다. ΔCoVaR는 시장정보를 기반으로 한 시스템리스크 측정방법이므로, 이러한 은행에 대한 건전성 관리체계를 반영하지 못할 가능성이 있다. 이러한 강화된 은행의 건전성 관리체계를 반영하여 시스템리스크를 측정하기 위해 대차대조표 기반(balance sheet-based) 시스템리스크 측정방법을 활용할 수 있다. 다만, 대차대조표 기반 측정법은 시장 기반 측정법에 비해 적시성이 낮을 수 있으며, 금융기관 간 전이위험을 엄밀하게 추정하기 위해서는 금융기관별 상호 채무관계에 대한 데이터가 필요하다. 현재 금융당국만이 이러한 자료에 대한 접근이 가능하다. 제6장의 결론 및 정책시사점에서 비은행권 특성을 반영한 채무 네트워크를 기반으로 한 시스템리스크 분석 및 스트레스테스트 모형 개발을 정책과제로 서술하였다.

제2장

선행연구

글로벌 금융위기 이후 다양한 시스템리스크 측정방법에 관한 연구가 진행되었다. 국내외에서 시스템리스크를 측정하는 데 가장 활발하게 사용되는 방법론은 Adrian and Brunnermeier(2016)의 ΔCoVaR와 Acharya *et al.*(2017)의 MES(marginal expected shortfall)이다. 이 두 방법론은 시장 데이터를 활용한다는 점에서 적시성이 높은 반면, 금융기관 또는 금융시장 내의 전이 메커니즘에 대한 명확한 파악이 어렵다는 단점이 있다.[4] 시스템리스크의 전이 메커니즘을 명확히 모형화한 대차대조표(balance sheet)기반 시스템리스크 측정방법이 있으나, 시장 기반 시스템리스크 측정방법에 비해 데이터 빈도수가 적으며, 금융당국만이 미시적인 데이터를 활용한다는 점에서 활용도가 낮을 수 있다. 서상원(2018)은 각 시스템리스크 측정방법에 대한 서베이 연구를 통해 각 측정방법의 장단점과 상호 보완이 필요함을 보여주었다.

국내에서 ΔCoVaR를 활용한 논문 중에서 먼저 김진호・김윤정(2010)은 일반은행, 상호저축은행, 증권사 간 업권별 전이를 ΔCoVaR 추정을

---

4 Löffler and Raupach(2018)는 시장정보(주식수익률) 기반 시스템리스크 측정방법이 시스템리스크를 과소평가할 수 있음을 보였다. 이에 따라 본 연구가 사용한 ΔCoVaR와 MES가 우리나라 업권 및 금융기관의 시스템리스크를 과소평가할 수 있다. 이는 우리나라 비은행업권 및 금융기관의 시스템리스크가 본 연구의 추정치보다 크며, 시스템적으로 더욱 중요할 가능성이 있음을 의미한다.

통해 도출하였으며, 특히 상호저축은행이 타 업권 대비 시스템리스크 노출 위험이 크다는 것을 발견하였다.

김자봉・이규복(2017)은 ΔCoVaR를 이용하여 글로벌 금융위기 전후로 한・미 대형금융지주회사의 비예금부채 비중 변화가 시스템리스크에 미친 영향에 대해 분석하였다. 분석 결과, 미국 대형금융지주회사들의 경우 비예금부채 비중 증가가 시스템리스크에 부정적인 요인으로 작용하였다. 이에 반해 우리나라의 경우 비예금부채 비중이 증가한 직후에는 시스템리스크에 부정적인 영향을 주나, 시간이 흐를수록 오히려 긍정적인 영향을 주는 것으로 확인되었다. 이를 통해 국가별로 비예금부채 비중이 시스템리스크에 미치는 영향을 같은 선상에서 논의하기 어렵다는 결론을 도출하였다. 진옥희・이진(2021)은 신용사이클이 금융업권의 시스템리스크에 미치는 영향을 CoVaR와 예측패널회귀모형을 이용하여 추정하였다. 그 결과, 신용사이클이 시스템리스크를 증가시키는 것을 확인하였다. 특히 비금융기업신용과 가계신용이 시스템리스크 악화에 큰 영향을 미치는 것을 밝혔다.

기존 연구가 다양하게 진행되었으나, 본 연구는 기존 선행연구와 다음과 같은 차별점을 가진다. 첫 번째, 본 연구는 은행, 비은행권(증권사와 보험사)의 ΔCoVaR와 MES를 Brownlees and Engle(2012)과 동일한 GARCH 기반의 Dynamic Conditional Correlation(DCC) 모형을 이용하여 일별 단위로 추정하였다 [그림 3-7]에서 보듯이 2020년 3월 당시 증권사의 해외 증거금 순송금액은 일 단위로 크게 변화하였으며, 본 연구는 이를 고려한 증권사의 일별 시스템리스크를 분석하기 위해 DCC를 활용하여 추정하였다.[5]. 이에 따라 주별 또는 월별 기준으로 시스템리스크를 측정한 기존 연구와 달리 일별 시스템리스크 추정을 통해 적시성을 높였다. 특히 분석대상 기간 중 2020년 3월 마진콜 위기 기간 동안 일별 시스템

---

5 Adrian and Brunnermeier(2016)에서 주요 분석에 이용하였던 VAR 방식의 추정은 월별 또는 분기별 거시변수를 사용하므로 ΔCoVaR의 일별 변화를 추정하기 어렵다. 또한 Adrian and Brunnermeier(2016)도 Appendix에서 DCC 방식으로 ΔCoVaR를 추정하였고 결과의 강건성을 확인하였다.

리스크를 추정함으로써 기존 연구에 비해 분석의 적시성을 높였다.

두 번째로 본 연구에서는 은행 및 비은행 금융기관의 시스템리스크를 비교·분석하여 우리나라의 비은행권에 대한 시스템리스크 관리 및 거시건전성 정책 강화 방안 필요성에 대해 논하였다. 이에 따라 본 연구 결과를 증권사에 대한 바젤 방식의 규제 도입, 시스템적으로 중요한 금융기관(Systemic Important Financial Institution: SIFI) 지정 논의 등에 활용할 수 있다.

증권사와 보험사가 은행과 같은 시스템적으로 중요한 금융기관인가에 대한 논의는 꾸준히 진행되었다(이효섭, 2020; 김범, 2019). 이효섭(2020)은 증권사의 시스템리스크는 꾸준히 증가하였으나, 그 수준은 당장 우려할 만한 수준은 아니라고 주장하였다. 또한 김범(2019)은 보험산업의 성격 변화로 인해 비전통적인 보험업무를 수행하면서 시스템리스크에 노출되며 그 크기가 증대되고 있다고 주장하였다. 시스템리스크 측정방법에 있어서 이효섭(2020)은 기존 은행에 적용된 지표법을 활용[6]하였으며, 김범(2019)은 집중도 분석, 주성분 분석, 그랜저 인과분석을 활용하여 증권사 및 보험사의 시스템적 중요성을 분석하였다. 반면, 본 연구는 ΔCoVaR를 활용하여 업권별 시스템리스크를 비교·분석하였으며, 증권사와 보험사 시스템리스크가 시기별로 변하며, 금융위기의 경우 은행과의 격차가 줄어듦을 보였다.

마지막으로 본 연구는 증권사 ELS 발행이 시스템리스크에 미치는 영향을 대표적인 시스템리스크 측정법인 ΔCoVaR와 MES를 이용하여 시기별로 분석하여 그 크기가 위기 시 증가하고 각 위기별로 차이가 있음을 보였다. ELS 발행이 금융안정 또는 금융시장에 미치는 영향을 분석한 기존 연구로는 윤선중·정재훈(2018)과 이효섭(2017)이 있다. 윤선중·정재훈(2018)은 한국은행의 금융안정지수(Financial Stability Index: FSI)를 활용하여 ELS 발행이 금융안정에 부정적인 영향을 미치는 것을 보였다.

---

6 이효섭(2020)은 CoVaR를 이용해 은행, 증권, 보험 순으로 시스템리스크가 높음을 보였으나, Adrian and Brunnermeier(2016)가 제시한 ΔCoVaR가 아닌 CoVaR의 평균을 사용하였으며, 그 추정방법(VAR, 분위수 회귀 등)에 대해 구체적으로 기술하지 않았다.

금융안정지수는 금융안정을 나타내는 20개의 지표(은행 연체율, 주가 및 환율 변동성 등)에 대한 가중평균으로 산출되므로 시스템리스크 추정에 있어서 전이효과를 반영하지 못하는 한계점이 있다. 이효섭(2017)은 ELS 증가가 주식수익률, 국채 및 카드채 금리, RP 매도잔고 각각에 미치는 영향을 추정하였는데, ELS 증가로 인한 금융 리스크는 우려할 수준은 아니며 다소 증가하였다고 주장하였다. 이효섭(2017)의 경우에도 금융시장의 전이효과를 반영한 시스템리스크 지표를 사용하지 않은 한계점이 있다. 반면, 본 연구는 대표적인 시스템리스크 측정방법인 ΔCoVaR와 MES를 활용하였다. 이를 통해 전이효과를 고려하여 ELS 발행이 시스템리스크에 미치는 영향을 분석할 수 있었다.

제3장

비은행 금융기관 현황 및 정책 동향

본 장에서는 글로벌 규제당국자들이 정의한 비은행 금융기관의 개념과 정의에 대해 간략히 기술하고, 우리나라 비은행 금융기관과 금융기관의 현황에 대해 서술한다. 또한 코로나19 위기 초기와 2020년 3월 전 세계와 우리나라의 금융시장 혼란과 당시 우리나라 증권사의 상황 및 ELS 발행이 금융시장에 위험을 전이하는 메커니즘에 대해 간략히 서술한다.

우선 전 세계 주요국과 마찬가지로 우리나라도 글로벌 금융위기 이후 금융시장 내에서 비은행권의 비중이 커졌으며, 이는 은행 대비 비은행권의 자산 크기와 비중을 통해 확인할 수 있다. 2020년 말 비은행권의 총자산은 은행 대비 약 90.4%인데, 이는 2010년 말 72.0% 대비 약 28.4%p 증가한 수치이다(그림 3-1).

제1절　비은행 금융기관의 개념

G20 정상들에 의해 설립된 금융안정위원회(Financial Stability Board: FSB)는 비은행 금융기관의 현황 및 리스크 평가 작업을 하고 있으며, 2011년부터 매년 보고서를 발간하고 있다. 이 보고서에서는 비은행 금융기관을 [그림 3-2]와 같이 분류하고 있다.

[그림 3-1] 은행·비은행권 총자산 규모 및 비율

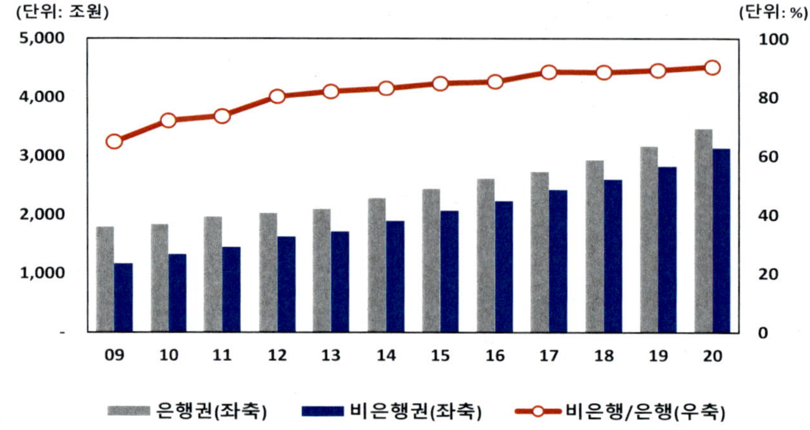

주: 비은행권 자산은 보험, 상호금융, 증권, 여신전문금융, 저축은행 합산 수치임.
자료: 한국은행, 『금융안정보고서』, 2021. 12.

[그림 3-2] 비은행 금융기관의 분류

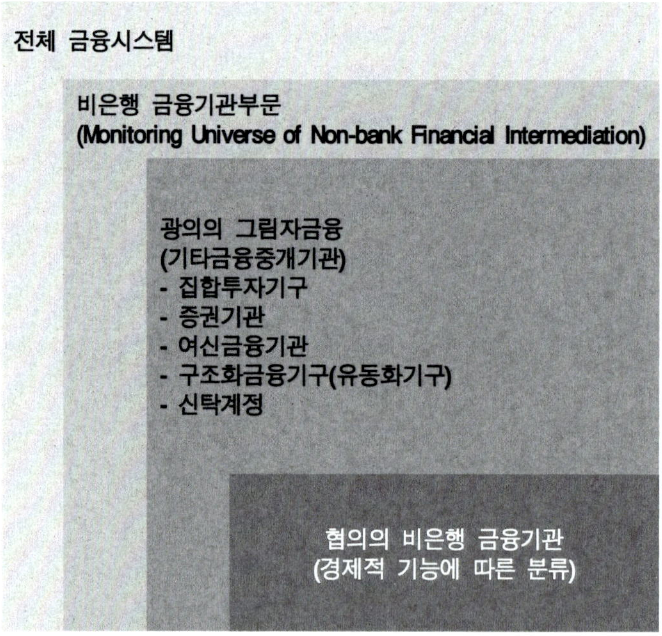

주: 분류에서 부외항목은 제외.
자료: FSB(2021)

<표 3-1> 경제적 기능(EF)에 따른 그림자금융 정의

경제적 기능(EF)	정의
EF1	환매에 취약한 집합투자기구의 운용(→ MMF, 채권형 펀드 등)
EF2	단기자금 조달을 통한 대출(→ 여신전문금융회사)
EF3	단기자금·고객자산 담보에 의존하는 시장활동 중개(→ 증권회사)
EF4	신용창출의 촉진(→ 채무보증, 신용보증)
EF5	유동화를 통한 신용중개 및 자금조달(→ 유동화기구)

주: 경제적 기능은 협의의 그림자금융 기준.
자료: FSB(2021).

FSB가 구분한 협의의 비은행 금융기관(Narrow Measure of NBFI)은 다시 경제적 기능(Economic Function: EF)에 따라 세분되는데, 이에 대한 정의는 <표 3-1>과 같다.

한국의 협의의 비은행 금융기관 규모는 2021년 말 1.1조달러이다. 경제적 기능에 따라 구분된 비중이 큰 순서대로 살펴보면, 직접금융시장에서 신용중개 기능을 하는 증권사가 포함된 EF3이 31.8%, 대량환매 가능성이 있는 집합투자기구에 해당하는 EF1이 31.3%, 증권화를 통한 신용중개 기능을 담당하는 유동화기관 중심의 EF5가 19.4%, 단기자금조달에 의존하는 대출기관이 포함되어 있는 EF2가 14.4%, 신용보강 기능을 하는 채권보증전문 보험사 등이 포함된 EF4가 3.1%로 집계되었다(표 3-2).

<표 3-2> 2021년 경제적 기능(EF)별 규모/비중/성장률

	규모 (조달러)	기능별 비중(%)	GDP 대비 비중(%)	2021년 성장률 (YoY, %)	2016~20년 성장률(%)
Total	1.10	100.0	63.3	9.9	8.3
EF1	0.30	31.3	19.8	19.0	7.8
EF2	0.20	14.4	9.1	6.8	7.2
EF3	0.30	31.8	20.1	4.5	10.2
EF4	0.00	3.1	2.0	8.8	12.8
EF5	0.20	19.4	12.3	8.0	6.4

주: EF1~EF5는 <표 3-1>의 정의를 따름.
자료: FSB(https://data.fsb.org/dashboard/Time%20Series%20View, 접속일: 2021. 11. 15).

[그림 3-3]에서 기능별 규모와 비중을 연도에 따라 살펴보면 그 순위는 일정함을 알 수 있다. EF1(집합투자기구)과 EF3(증권회사)이 각각 약 20~30%, 합산으로 약 60~70%를 차지하고 있으며, 그다음으로 EF2(여신전문금융회사), EF5(유동화기구), EF4(보증기관) 순으로 나타나고 있다.

연도별 규모의 순위는 비중의 순위와 동일하다. 2021년 말 모든 비은행 중개기관 규모는 2008년 대비 약 2~4배 내외가 되었다. 특히 EF3(증권회사)의 자산은 2008년 800억달러에서 3,500억달러로 약 4.4배가 되었다. 이는 종합투자사업자제도(2013년 10월)와 초대형 IB(2016년 8월) 제도 도입 이후 증권사의 자산규모가 증가하였기 때문일 것으로 추정된다.

한편, 기관별 한국의 비은행 금융기관 현황을 살펴보면, 먼저 모니터링 대상 비은행 금융기관의 규모는 2021년 말 4.4조달러로서 전체 금융자산(8.8조달러)의 50.7%이다. 기타 금융중개의 비중이 가장 크고, 보험사, 연기금 순이다. 증가율을 살펴보면 2021년 말 전년 대비 7.1% 증가하여 2016~20년 중 연평균 증가율(9.5%)에 비해 증가세가 둔화되었다(표 3-3).

<표 3-3> 2021년 기관별 규모/비중/성장률

	규모 (조달러)	기관별 비중(%)	GDP 대비 비중(%)	2021년 성장률(%)	2016~20년 성장률(%)
합계	8.8	100.0	506.7	8.4	7.8
시중은행	3.9	44.1	223.6	9.5	6.7
중앙은행	0.5	5.1	26.0	12.4	1.6
공공금융기관					
비은행 금융기관	4.4	50.7	257.1	7.1	9.5
보험사	1.3	14.4	72.8	5.2	7.0
연기금	0.3	3.2	16.4	16.9	16.1
기타 금융중개기관	2.7	30.9	156.3	7.6	10.7
기타 금융기관 (중개기관 제외)	0.2	2.3	11.6	0.4	5.6

자료: FSB(https://data.fsb.org/dashboard/Time%20Series%20View, 접속일: 2021. 11. 15).

[그림 3-3] 경제적 기능별 FSB 비은행 중개기관 모니터링 현황

(단위: 조달러, %)

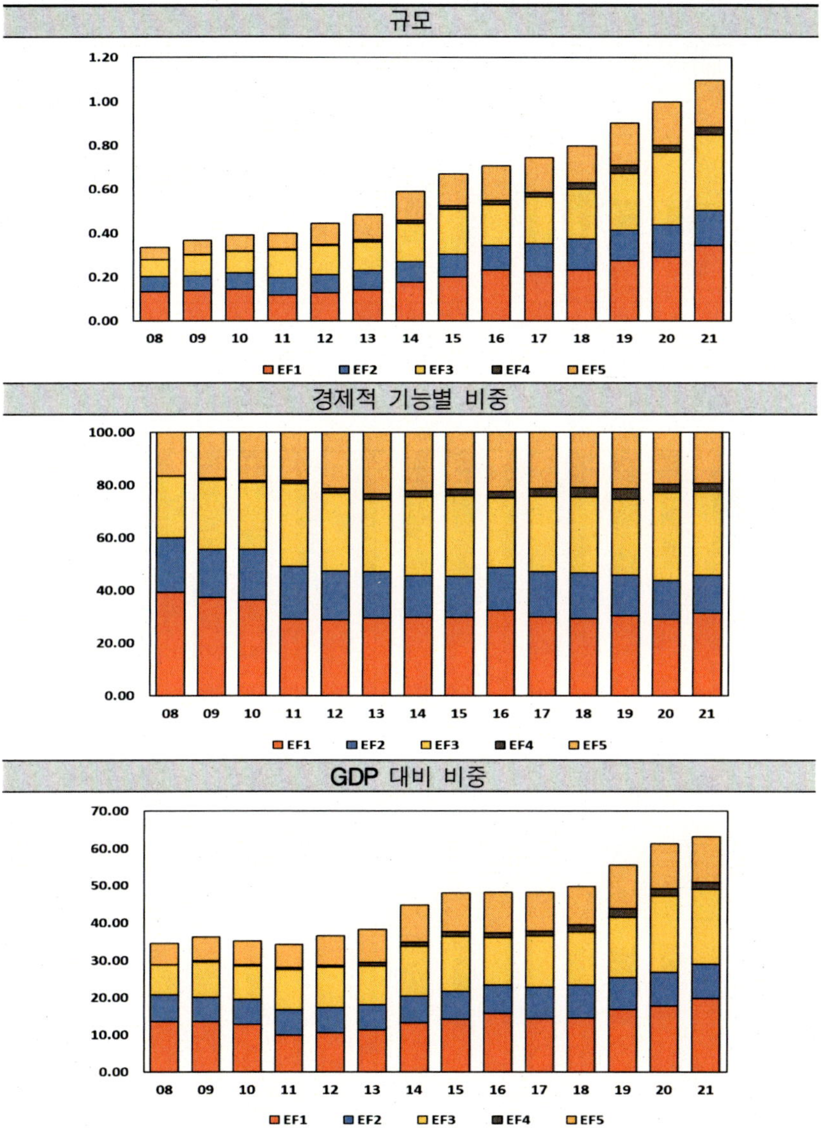

주: EF1~EF5는 <표 3-1>의 정의를 따름.
자료: FSB(https://data.fsb.org/dashboard/Time%20Series%20View, 접속일: 2021. 11. 15).

[그림 3-4] 기관별 FSB 비은행 중개기관 모니터링 현황

(단위: 조달러, %)

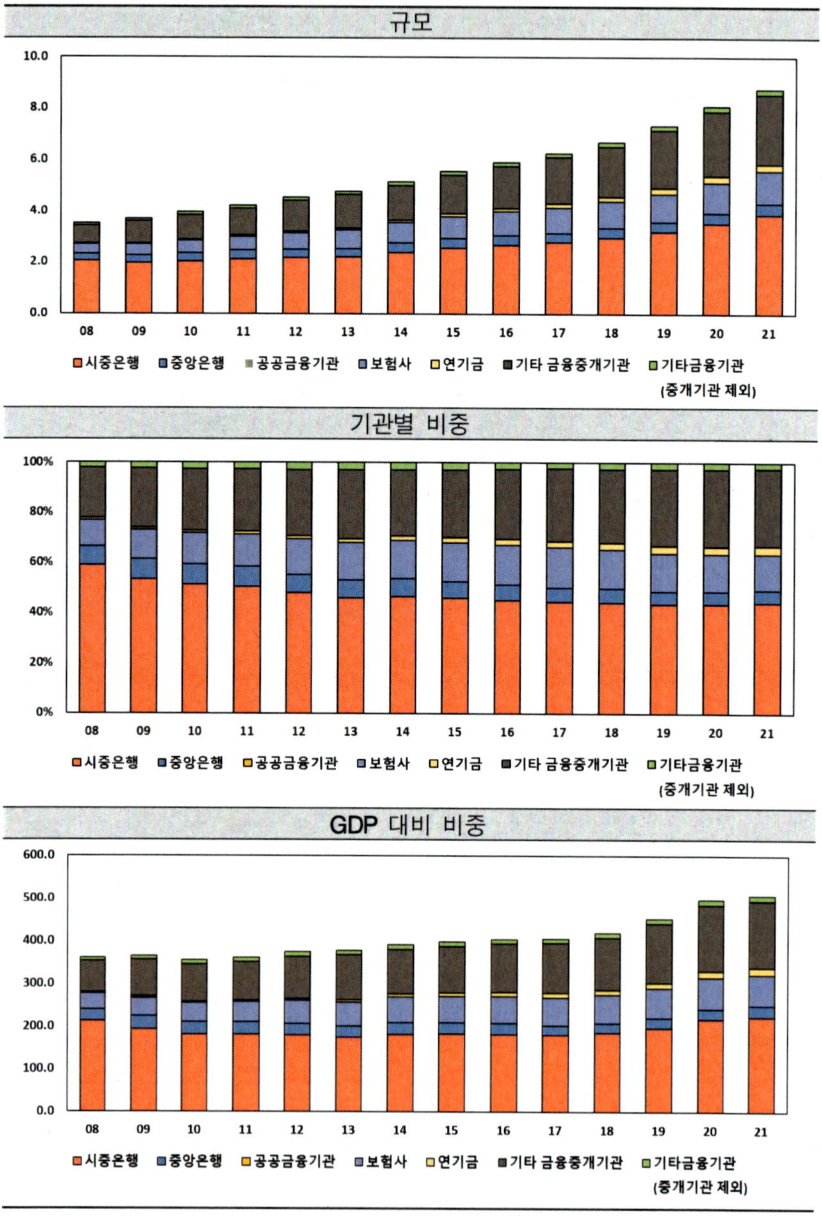

자료: FSB(https://data.fsb.org/dashboard/Time%20Series%20View, 접속일: 2021. 11. 15).

제2절 코로나19 위기 시 전 세계 금융시장 혼란 및 대응

코로나19 위기는 2008~09년 글로벌 금융위기 이후 발생한 전 세계 금융안정성을 위협할 수 있는 첫 번째 사건이었다. 특히 단기금융시장에서 비은행 금융중개기관(NBFI)의 금융 취약성이 드러났으며, 전례 없는 중앙은행 및 정부의 개입을 유발하였다(그림 3-5).[7]

[그림 3-5] 코로나19 전후 금융시장 이벤트 타임라인

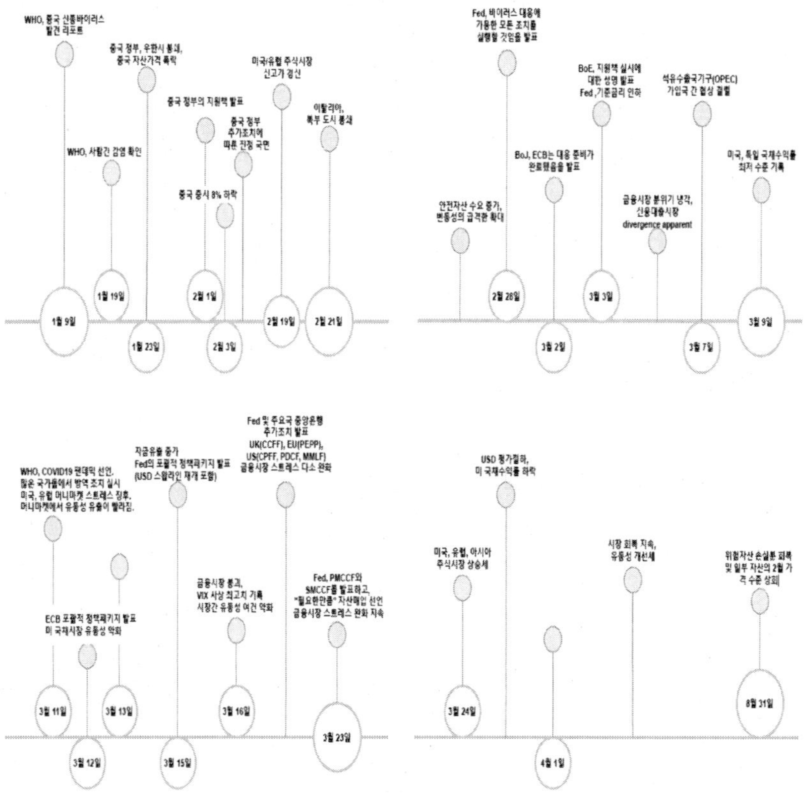

---

7 코로나19 위기 직후 전 세계 자산시장의 변동성 증대와 이를 완화하기 위한 주요국 중앙은행 조치에 대해서는 FSB 보고서 *Holistic Review of the March Turmoil*(2020)에 자세히 나와 있다. [부도 1], <부표 1>, <부표 2>에서 이를 요약하였다.

[그림 3-6] 2020년 3월 세계 금융시장 혼란

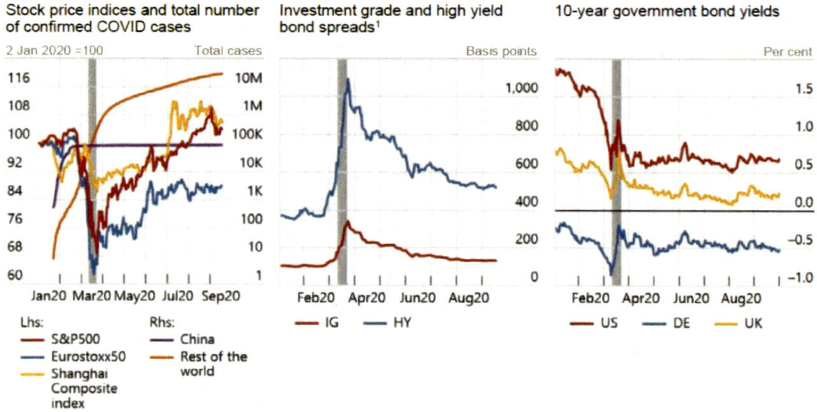

Shaded area correspond to the period 11-23 March.

[1] Option-adjusted spreads of ICE BofAML Global Corporate Index and ICE BofAML Global High Yield Index.

Sources: Johns Hopkins University; Bloomberg; ICE BofAML Indices.

자료: FSB, *Holistic Review of the March Market Turmoil*, 2020.

특히 2020년 3월의 현금에 대한 수요 급증 현상(Dash for Cash)은 주식, 채권, 외환 등 여러 금융시장의 혼란을 초래하였다(그림 3-6). 2020년 3월 코로나19 위기가 심화됨에 따라 단기 고유동성 자산인 현금에 대한 수요가 급증하였고, 이는 주요 금융자산에 대한 매도 압력으로 이어졌다. 2020년 3월 16일 S&P 500은 12% 하락하여 1987년 이후 최악의 일일 하락폭을 기록하였다. 또한 주요국 국채수익률이 단기간에 급증하였다. 미국 국채의 경우 10년 만기 수익률이 12일간(3월 11일~ 23일) 50bp 급등하였다(그림 3-6).

주가와 국채 가격이 동시에 하락하는 이와 같은 현상은 매우 이례적이다. 일반적으로 불확실성 증가에 따른 스트레스 상황에서는 주가는 하락하는 반면 상대적으로 안전한 자산인 국채 가격은 상승한다. 그러나 코로나19 위기 시에는 현금에 대한 수요 급증 현상으로 인해 두 유형의 자산 모두 가격이 크게 하락하였다.

제3절 2020년 3월 증권사 마진콜 사태

우리나라의 경우, 코로나19 위기 초기의 전 세계 금융시장의 혼란이 파생결합증권시장에 직접적인 영향을 주었고, 이는 간접적으로 우리나라 외환 및 단기금융 시장에 혼란을 주었다. 2020년 3월 증권사는 기존에 발행한 파생결합증권의 해외 기초자산가격이 급락하여 마진콜이 발생함에 따라 추가된 외화증거금을 해외거래소에 송금해야 했다. 증권사의 누적 순송금액은 3월 2~6일에는 1.3조원이었으나 3월 13일에는 3조원 규모로 증가하였다. 3월 19일에는 누적 순송금액이 12.1조원을 기록하였다. 3월 한 달 동안 10.1조원이 증권사의 외화증거금으로 해외거래소에 송금되었다(그림 3-7).[8]

또한 2020년 3월 당시 우리나라의 단기자금시장과 외환시장은 큰 혼란을 겪었다. 단기자금시장에서 CP 금리는 급등하였고 외화자금시장에서

[그림 3-7] ELS 자체헤지 증권사 외화증거금 순송금액 추이

(단위: 조원)

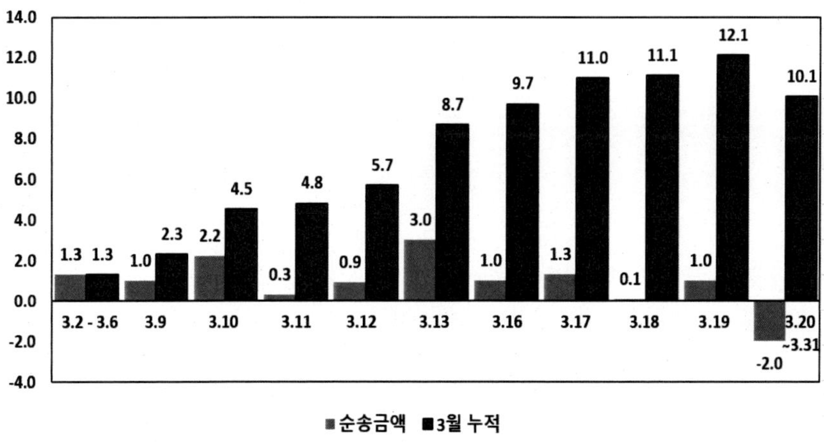

자료: 『머니투데이』, 「1년전 그날, 증권사가 흔들리자 시스템이 휘청였다」, 2021. 4. 3.

---

8 2020년 3월 해외거래소의 증거금 변화는 [부도 2]에서 확인할 수 있다.

스왑레이트가 급락하였다.[9] CP 금리가 급등함에 따라 기업은 단기자금 조달에서 어려움을 겪었다. 또한 스왑레이트의 급락은 선물환 대비 현물환 수요의 급격한 증가를 의미하며, 이는 당시 외환시장에서 현물환의 유동성 저하를 보여준다.

제4절 우리나라 파생결합증권시장의 특성 및 시스템리스크 파급경로

우리나라의 경우, 글로벌 금융위기 이후 저금리 기조가 지속되면서 투자자에게 예금금리보다 높은 이자를 주고 원금손실 가능성이 낮은 파생결합증권시장이 지속적으로 성장하였다. 잔액 기준 2008년 말 26.9조원에서 2018년 말 111.7조원으로 규모가 확대되었다가 2020년 말 89.0조원으로 감소하였다. 대표적인 파생결합증권인 ELS의 경우, 만기 이전 6개월마다 기초자산(홍콩 항셍지수, Euro Stock 등)이 일정 수준(예를 들어 85%) 미만으로 하락하지 않으면 일정한 수익(예를 들어 연 5.4%)을 보장해 주는 구조이다. 한편, 만기 시 기초자산 중 하나라도 특정한 수준(예를 들어 60%) 미만으로 하락한 경우, 투자자는 가장 낮은 가격의 기초자산과 동일한 수준의 손실률을 얻게 된다. [그림 3-8]은 ELS 투자자의 손익구조를 구체적으로 보여주고 있다.

[그림 3-8]과 같은 손익구조를 가지는 ELS의 경우, 계약 이후 6개월(12개월, 18개월)이 지난 시점에서 모든 기초자산이 최초기준가격의 85% 미만으로 하락하지 않으면 2.7%(5.4%, 8.1%)의 총수익, 즉 연이율로 환산하면 5.4%의 투자수익을 ELS 판매회사(증권사)가 투자자에게 보장한다. 계약 이후 24개월이 지난 시점에서 모든 기초자산이 80% 미만으로 하락하지 않으면, ELS 투자의 총수익은 10.8%(연이율 5.4%)이며, 만기(36개월)까지 모든 기초자산이 80% 미만으로 하락하지 않으면 ELS 투자의 총수

---

9 2020년 3월 CP 금리는 약 1%p 증가하였으며, 스왑레이트(3개월)는 약 2%p 하락하였다(이석훈, 2020: 이승호, 2020).

[그림 3-8] Step-down, Auto-Callable 유형의 ELS 손익구조 예시

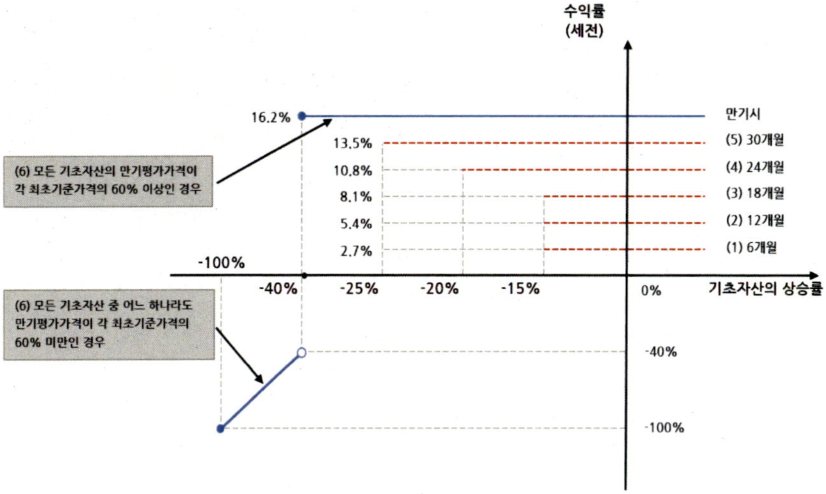

자료: 저자 작성.

익률은 16.2%(연이율 5.4%)이다. 한편, 만기 시 기초자산 중 하나라도 최초기준가격의 60% 미만인 경우 투자자는 가장 낮은 가격의 기초자산과 동일한 수준의 손실률을 얻게 된다. 예를 들어 하나의 기초자산이 기준가격 대비 50%일 경우, 투자자는 원금의 50%만 얻게 된다.

파생결합증권 발행사(증권사)는 투자자에게 받은 원금을 기초자산 및 채권을 사거나 팔아 투자자에게 계약된 형태의 수익을 돌려준다. 이를 통해 발행사는 판매한 상품에서 발생한 포지션에 대한 헤지(hedge)를 수행하게 된다. 헤지거래의 금액과 방향성은 기초자산의 가격과 변동성에 기반하게 되는데, 이는 무차익거래(No-Arbitrage) 기반 파생상품가격 모형과 이를 통해 도출된 가격 변화에 대한 민감도에 의해 결정된다(Bakshi and Kapadia, 2003: Bertismas, Kogan, and Lo, 2000).

금융회사의 ELS 발행이 금융시장의 혼란을 유발하는 메커니즘은 ELS 발행에 따른 손실리스크를 헤지하는 행태로부터 비롯된다. 이때 금융회사는 제3의 금융기관과 계약을 맺어 백투백(back-to-back) 방식으로 손실리스크를 헤지하거나, 또는 기초자산과 채권 등에 투자하여 손실리스크를

[그림 3-9] 자체헤지 ELS 구조 및 마진콜 발생에 따른 금융시장 충격 발생과정 1

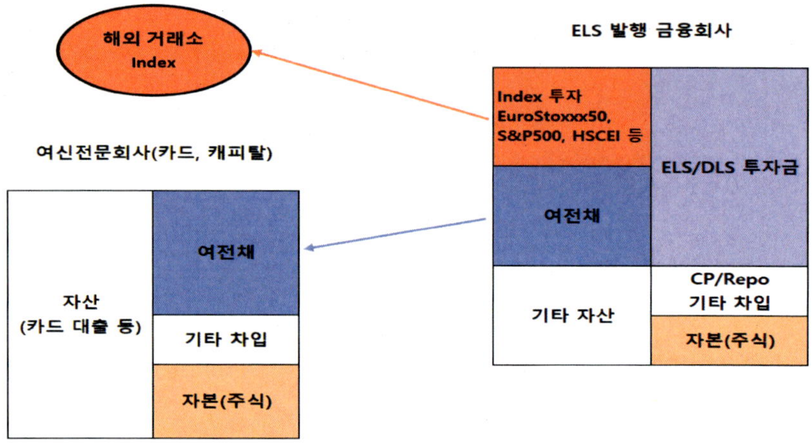

자료: 저자 작성.

자체헤지한다. 자체헤지를 선택한 금융회사는 ELS 투자금의 일부를 기초자산보다 상대적으로 안전한 자산인 채권과 기초자산 현물 또는 선물(예를 들어 주가지수 선물)에 나누어 투자한다. 일반적으로 금융회사는 헤지비용을 낮추기 위해 기초자산 현물보다 선물에 투자할 가능성이 높다(그림 3-9).

[그림 3-8]과 같은 대표적인 ELS를 발행한 금융회사의 경우, 투자자에게 만기까지 일정한 연이율(총수익률은 시간에 따라 증가)을 보장하기 위해 기초자산 선물에 대해 매수 포지션(long position)을 취할 가능성이 높다. 이에 따라 기초자산가격의 하락폭이 단기간에 클 경우, 자체헤지를 선택한 금융회사는 선물 매수 포지션에서 손실이 발생하고, 이에 따른 마진콜 대응(증거금 마련)을 위해 유동성 위험이 증가할 가능성이 높다.

이러한 ELS 발행 금융기관의 유동성 위기는 2020년 3월과 같은 단기자금시장과 외환시장의 혼란으로 전이될 수 있다. 마진콜이 발생함에 따라 ELS 발행 금융회사는 추가 증거금 납입을 위해 원화 또는 외화 자금이 필요해질 수 있으며, 이로 인해 ELS 발행 금융회사는 보유한 여전채 등의 자산을 급매하거나 또는 단기자금시장에서의 차입을 시도할 수 있

[그림 3-10] 자체헤지 ELS 구조 및 마진콜 발생에 따른 금융시장 충격 발생과정 2

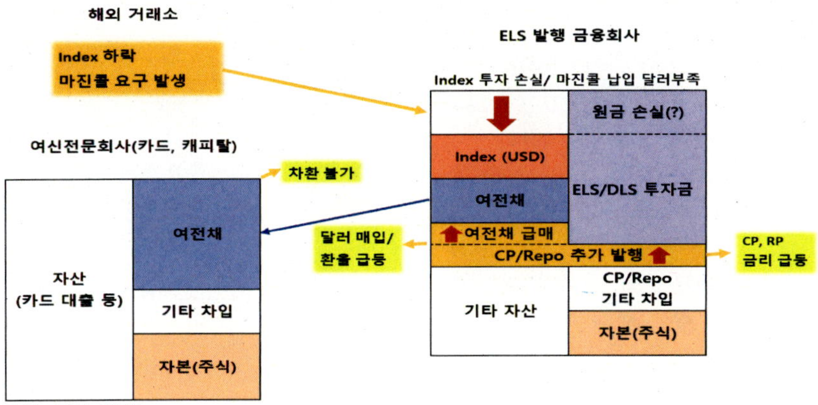

자료: 저자 작성.

다. 또한 자산의 급매와 단기자금시장에서의 차입을 통한 자금으로 달러 등의 외환을 매입하므로 환율 상승을 야기할 수 있다. 이러한 메커니즘(단기간에 이루어진 자산의 급매, 단기자금시장에서의 차입과 외화 매입)은 CP, RP 등의 금리와 환율을 급등시켜 금융시장의 혼란을 야기할 수 있다(그림 3-10).

2018년 이후 증권사의 자체헤지 비중과 규모가 증가[10]하였는데(그림 3-11), 이는 코로나19 위기 때와 같이 기초자산이 급락할 경우 금융시장의 혼란에 미치는 영향이 커질 수 있음을 의미한다. 백투백(back-to-back) 방식의 헤지를 선택한 증권사의 경우, ELS 발행 직후 투자자에 대한 손익의 대부분을 다른 금융회사에 이전시킴으로써 기초자산 급락에 따른 증거금 납부와 같은 유동성 위험 등이 낮은 반면, 앞서 설명한 바와 같이 자체헤지를 택한 증권사의 경우, 유동성 위험 등의 추가적인 위험에 노출될 가능성이 높기 때문이다.

2020년 3월 마진콜 사태 당시 ELS 자체헤지 비중은 20~80% 사이로

10 증권사의 자체헤지가 증가한 원인을 분석한 학계의 연구는 아직 없다. 다만, 윤선중·정재훈(2018)은 ELS 운용수익 극대화를 위해 증권사가 자체헤지를 증가시켰다고 서술하고 있다. 이들은 운용수익의 극대화와 더불어 자체헤지를 수행할 수 있는 인력 보강 및 노하우 축적 그리고 2016년 신NCR 제도 도입으로 인한 증권사의 위험부담(risk taking) 유인 증가가 증권사의 자체헤지를 증가시킨 요인이라고 추측한다.

[그림 3-11] 증권사 ELS 발행잔액 및 자체헤지 규모

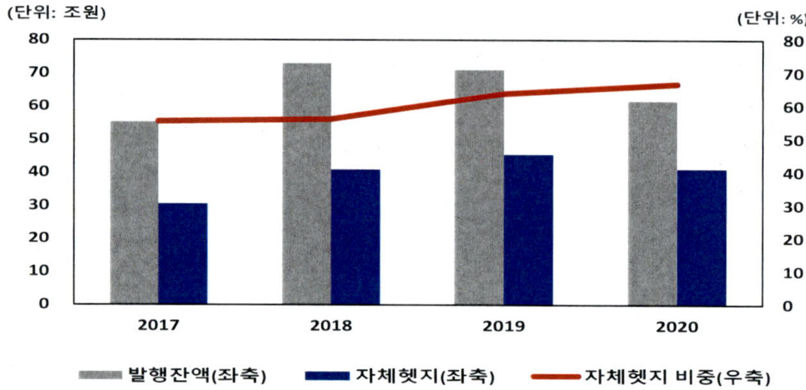

주: ELB 포함.
자료: 금융감독원(2021); 금융위원회(2020).

[그림 3-12] ELS · DLS 규모 및 ELS · DLS 대비 자체헤지 비중

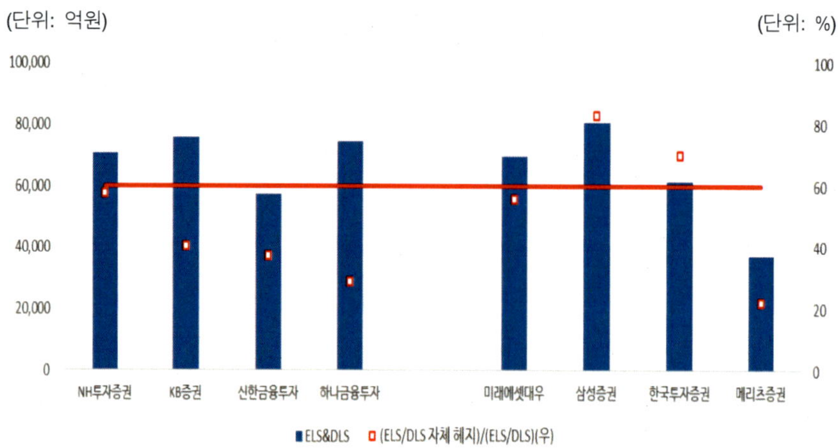

주: 자기자본 3조원 이상 국내 8개 증권사 대상(2019년 12월 기준).
자료: NICE, 「금융시장 변동성 확대에 따른 대형증권사 위험요인 점검」, 2020.

증권사별로 차이가 있었다. 앞에서 설명하였다시피 이로 인해 증권사별 시스템리스크의 차이가 발생하였을 것으로 사료된다.

한편, ELS 판매 금융회사는 자체헤지를 선택할 경우 ELS 투자금의 일부를 여신전문회사가 발행한 채권(여전채)에 투자할 수 있다(그림 3-9).

[그림 3-13] 여신전문회사의 자금조달 구조 및 여전채 보유 현황(2018년 기준)

구 분	금액(조원)	비중(%)
회사채	147.1	76.2%
차입금	29.9	15.5%
외화차입금	2.4	1.3%
ABS	12.8	6.6%
기 타	0.7	0.4%
합 계	192.9	100.0%

➡

구 분	금액(조원)	비중(%)
증권사	52.7	37.4%
자산운용사	27.8	19.7%
연 · 기금	24.5	17.4%
보 험	12.3	8.7%
은 행	17.5	12.4%
기 타	6.3	4.4%

자료: 금융위원회(2019).

2018년 기준 여신전문회사의 자금조달 구조와 여전채 보유 현황을 살펴보면, 여전채 발행을 통해 자금을 조달하는 비율이 약 76.2%(147.1조원)로 나타났으며, 이 중에서 37.4%를 증권사가 보유한 것으로 나타났다(그림 3-13). 이러한 여전채를 통한 증권사와 여신전문회사의 연결성 증가로 인해 ELS 기초자산의 급락이 증권회사뿐만 아니라 여신전문회사의 차환 리스크를 증가시킬 수 있다.[11]

[그림 3-14]와 [그림 3-15]를 통해 2020년 3월 마진콜 사태 당시 캐피탈사의 총자산 대비 자기자본비율 수준을 살펴보았는데, 자본건전성이 양호하였으나 하락 추세였다는 점을 주목할 필요가 있다. 단순 및 조정 총자산 대비 자기자본비율 모두 유럽 재정위기 당시보다 높으며, 조정 총자산 대비 자기자본비율은 홍콩 항셍지수 폭락 때의 수준과 유사함을 알 수 있다. 다만, 코로나19 위기 직전까지 자기자본비율이 하락하는 추세였으므로 단기간의 증권사 외화증거금 송금으로 인한 금융시장 혼란이 여전채의 금리를 높여 캐피탈사의 금리 부담을 증가시켰을 가능성이 있다.

이상을 종합하면, 우리나라 파생결합증권시장의 특징(주요 ELS 수익구조 등) 및 급격한 성장 그리고 증권사의 헤지 행태 변화(여전채와 지수선물을 이용한 자체헤지 증가) 등으로 인해 파생결합증권 발행이 금융시장 전체의 위험, 즉 시스템리스크에 미치는 영향이 변화하였을 가능성이 있

11 [부도 3]은 증권사가 여전사 이외의 다른 금융기관에 대해서도 상호 채권-채무 관계를 형성함을 보여준다.

[그림 3-14] 캐피탈사 총자산 대비 자기자본비율

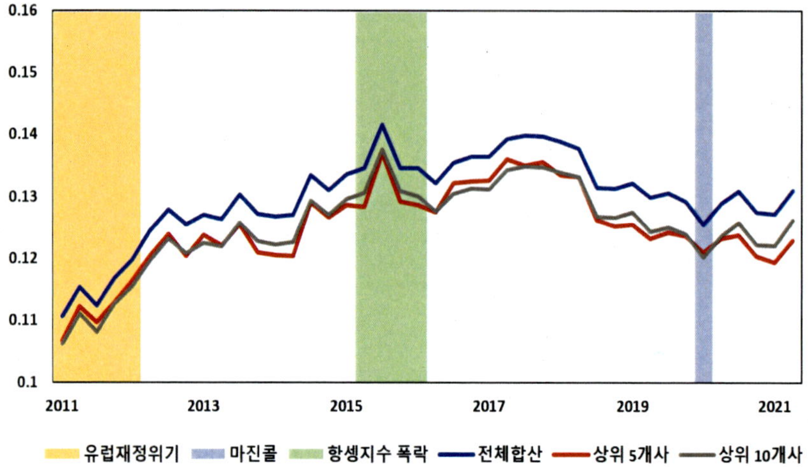

주: 유럽 재정위기(2011년 1분기~2012년 2분기), 항셍지수 폭락(2015년 2분기~2016년 1분기), 마진콜(2020년 1분기(3월)).
자료: 금융감독원(2021).

[그림 3-15] 캐피탈사 조정 총자산 대비 조정 자기자본비율

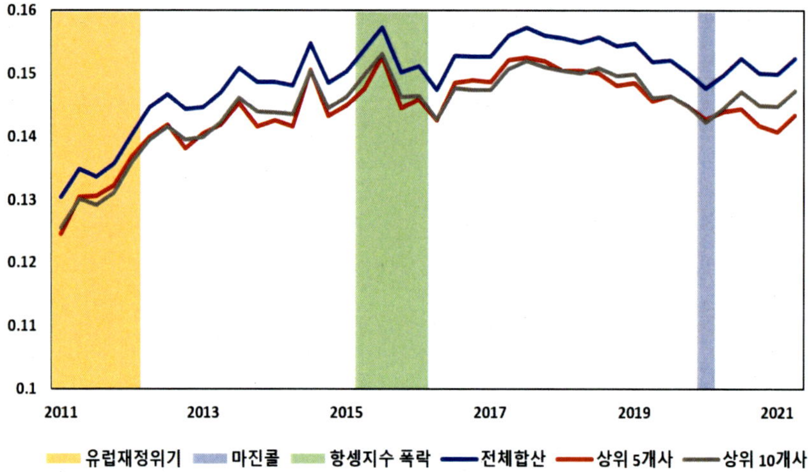

주: 유럽 재정위기(2011년 1분기~2012년 2분기), 항셍지수 폭락(2015년 2분기~2016년 1분기), 마진콜(2020년 1분기(3월)).
자료: 금융감독원(2021).

다. 이에 따라 올바른 정책방안 마련을 위해 본 연구는 파생결합증권 발행이 시스템리스크에 미치는 영향에 대해 분석하였다.

제5절 우리나라 정책당국의 대응방안

마진콜 사태 이후 금융당국은 파생결합증권 발행에 따른 시스템리스크를 줄이고자 파생결합증권시장 건전화 방안을 마련하였다(2020년 7월). 금융당국은 개별 증권회사의 건전성 제고, 금융시장으로의 전이 차단, 그리고 투자자 보호 강화, 이렇게 세 가지 관점에서 구체적인 개선방안을 마련하였다(표 3-4).

발표된 방안은 우리나라 파생결합증권시장으로부터 발생한 시스템리스크 증가 위험을 낮추는 것을 주요 목표로 하였다. 정책당국은 우선 파생결합증권을 발행한 개별 증권회사의 건전성을 제고하고, 그다음 다른 금융기관이나 금융시장으로의 리스크 전이 가능성을 낮추어 시스템리스크 발발 가능성을 낮추고자 한 것으로 보인다. 이를 위해 앞서 제4절에서 서술한 우리나라 파생결합증권시장의 특성 및 시스템리스크 파급경로를 적절하게 반영하여 방안을 마련한 것으로 보인다.

구체적으로 몇 가지를 살펴보면, 우선 개별 증권사별 자체헤지 관련 외화조달 비상계획을 구축하고, 자체헤지 규모의 일정 수준을 외화유동자산으로 보유토록 의무화하는 방안은 외환시장으로의 위험 파급 가능성을 낮추는 것을 목표로 마련된 방안으로 보인다. 또한 ELS 조기상환을 기준으로 유동부채를 산정하여 증권회사의 원화 유동성 비율 규제를 개선하는 방안은 조기상환 옵션이 있는 우리나라 ELS 상품의 특성을 반영한 개별 증권사의 건전성 제고방안으로 보인다. 마지막으로 여전채가 파생결합증권의 헤지자산의 10%까지만 편입하도록 상한을 설정한 점은 증권사의 파생결합증권 자체헤지 증가에 따른 여전사의 차환(rollover) 위험 증가를 제한하는 효과가 있을 것으로 예상된다.12

<표 3-4> 「파생결합증권시장 건전화 방안」 개선방안

	현행	개선
증권사 자체 리스크 관리 역량 강화	증권회사들은 파생결합증권의 중도환매, 마진콜 등과 관련한 유동성 리스크에 대한 스트레스테스트를 반기마다 실시하고 있으나 금번과 같은 극단적 상황에 대한 분석은 미실시	지난 3월과 같은 극단적인 시장충격에 신속히 대응할 수 있도록 자체 리스크 관리체계를 구축 및 점검 ① 스트레스테스트 시나리오에 최근의 극단적 상황을 포함시키고 그 결과를 금감원이 점검 ② 글로벌 증시 변동성 확대에 대비하여 증권회사별 ELS 자체헤지 관련 외화조달 비상계획(Contingency Plan) 구축
유동성 비율 제도 내실화	원화 유동성 비율(1개월 · 3개월)을 100% 이상으로 유지토록 하고 있으나, 파생결합증권 유동부채 산정 시 일부 미흡한 측면 존재 ① ELS는 조기상환이 일상적으로 발생함에도 조기상환(통상 3개월~6개월)과 무관하게 최종만기(통상 3년)를 기준으로 잔존만기를 산정 ② 일반증권사는 파생결합증권을 발행하더라도 직접적인 유동성 비율 규제에서는 제외	① 최종만기가 아닌 조기상환 시점을 기준으로 유동부채를 산정 ② 파생결합증권을 발행한 일반 증권회사에 대해서도 종합금융투자사업자와 동일한 원화 유동성 비율 규제 적용 ➡ 규정 개정일 이후 신규발행분부터 적용
레버리지 비율 규제 강화	레버리지 비율(총자산/자기자본)은 증권사 적기시정조치(PCA) 기준으로 활용 중이며, 모든 자산(부채)에 동일한 가중치(100%)를 적용	원금비보장 파생결합증권의 발행액이 클수록 레버리지 비율상 부채금액 반영비율을 가중하여 과다 발행 유인을 차단 - 자기자본 대비 ELS · DLS(원금비보장) 잔액이 50%를 초과하는 부분부터 단계적으로 200%까지 가중치를 상향 적용 - 다만, 투자자의 손실이 제한되거나, 외환시장에 미치는 영향이 적은 국내 지수 위주의 ELS에 대해서는 가중치 완화(50%) * ① 손실제한(20%)형 ELS · DLS, ② 추종하는 지수의 50% 이상이 KOSPI200 등 국내지수인 ELS ➡ 규정 개정 후 신규발행분부터 적용 (21년 말까지는 완화된 기준 적용)

12 [그림 3-9]는 증권사의 자체헤지가 여전사의 차환 위험을 증가시키는 파급경로를 나타내고 있다.

<표 3-4>의 계속

	현행	개선
헤지자산 분산투자	파생결합증권의 헤지자산은 여타 자산과 구분관리하고 있으나, 특정 분야 집중을 제어하는 장치는 부재	파생결합증권 기초자산과 헤지자산의 통화 미스매치, 여전채 집중현상을 완화할 수 있도록 분산운용 규제를 도입 ① 해외지수를 기초자산으로 하는 파생결합증권 자체헤지 규모의 일정 수준(예: 10~20%)을 외화유동자산 등으로 보유토록 의무화 ② 파생결합증권의 헤지자산으로 채권을 편입하는 경우 여전채는 헤지자산의 10%까지만 편입하도록 상한을 설정 ➡ 기 발행분에도 적용하되 헤지자산의 급격한 변동은 외환시장 및 여전채 시장에 영향을 줄 수 있는 만큼 1~2년간 완화하여 적용
파생결합증권 통합정보 플랫폼 및 환매인프라 구축	파생결합증권은 유통시장의 부재 등으로 환매가 제한적이고 가격투명성이 낮은 상황 - 투자자가 여러 상품의 가격(위험, 수익)을 비교하여 투자하는 의사결정도 곤란	거래소에 파생결합증권시장의 정보가 집중되고, 투자자들에게 만기 전 매각 기회를 부여해 주는 인프라를 구축 ① 파생결합증권 관련 정보를 한곳에서 제공할 수 있는 통합정보 플랫폼을 마련 ② 거래소에 투자자들이 파생결합증권 만기 전에도 매도할 수 있는 플랫폼 개설
투자자 위험 고지 강화	판매사 웹페이지, 앱 등의 ELS 게시 화면의 수익률 표시와 청약 연결 구성에 투자자 오해 및 불완전 판매 우려 존재 ① (수익률 표시) 조건 충족 시 얻는 수익률을 확정적인 것처럼 표시하고, 조건 未충족에 따른 손실은 누락 또는 작게 표시 ② (청약 연결) 간이투자설명서 조회 없이 청약신청이 가능	ELS 손익 관련 정보제공의 객관성 제고 ① ‘조건 충족 시 수익률’과 ‘조건 未충족 시 손실률’을 글씨크기, 굵기, 색상 등에서 균형 있게 근접하여 표시 ② ‘간이투자설명서 확인’ 또는 ‘자세히 보기’ 등으로 연결한 후 해당 내용을 읽어야 청약메뉴로 접근을 허용
고위험 금융상품 투자자 보호방안의 차질 없는 시행	고위험금융상품 투자자 보호방안의 차질 없는 시행 ① 공모규제를 회피하는 불법 사모행위 차단 ② 투자권유절차 강화(설명의무, 녹취, 숙려 등) ③ 고난도금융투자상품 제조·판매사의 표준영업행위준칙(스트레스테스트, 판매목표시장 설정 등) 마련 등	

자료: 금융위원회 외, 「파생결합증권시장 건전화 방안」, 2020.

제4장

시스템리스크 측정 모형 및 추정방법

본 장에서는 대표적인 시스템리스크 측정 모형인 ΔCoVaR(Adrian and Brunnermeier, 2016)와 Dynamic Conditional Correlation 모형을 이용한 ΔCoVaR 추정방법에 대해 간략히 기술한다.

제1절 시스템리스크 측정방법론

시스템리스크란 무엇인가에 대한 학계의 다양한 논의가 있으나, 일반적으로 시스템리스크는 개별 또는 특정한 그룹에 속한 금융기관의 부도 또는 유동성 부족에 따른 금융시장 전체 또는 경제 전반의 위험 증가를 말한다. 특히 2008~09년 글로벌 금융위기는 정책당국 및 학계에 시스템리스크의 중요성을 다시 일깨워주는 중요한 계기였다. 당시 개별 또는 특정한 그룹에 속한 금융기관의 부도 또는 유동성 위험 증가는 다른 금융기관의 부실로 전이되어 다수의 금융기관의 부도위험이 짧은 기간 동안 동시에 높아졌다. 이에 따라 다수의 금융기관에 대한 신뢰가 하락하여 신용경색(credit crunch) 등 금융시스템 전반에 걸친 리스크가 증대되었다.

이에 따라 2008~09년 글로벌 금융위기 이후 학계 및 주요국 정책기관에서 다양한 시스템리스크 측정방법이 개발되었다. 시스템리스크 측정방법은 데이터 종류, 추정방식 등에 따라 차이가 있으나, 금융시스템 내의 전이 메커니즘을 기반으로 하는 금융시장 전반의 리스크를 측정한다는 점에서 유사한 특징이 많으며, 때로는 서로 다른 전이 메커니즘을 측정한다는 점에서 상호 보완적이다.

시장 데이터를 기반으로 시스템리스크를 측정하는 대표적인 방법으로는 ΔCoVaR(Adrian and Brunnermeier, 2016)와 MES(Marginal Expected Shortfall; Acharya *et al.*, 2017)가 있다.[13] ΔCoVaR는 금융기관을 위험 유발자(risk inducers)로 간주하고 개별 금융기관이 부실을 겪을 때 전체 금융시스템의 부실위험을 측정한다. 이를 바탕으로 우리는 금융시스템 전체의 위험에 미치는 영향에 대한 특정 금융기관의 기여도를 추정할 수 있다. 반면에 MES는 전체 금융시장이 불안정해졌을 때 특정 금융기관의 부실위험을 측정한다.

이러한 ΔCoVaR와 MES의 차이는 시스템적으로 중요한 금융기관 또는 업권이란 무엇인가에 대한 관점의 차이에서 비롯된다. ΔCoVaR는 특정 금융기관을 시스템리스크 유발자로 간주하여 시스템적 중요도를 측정하는 반면에 MES는 금융시스템의 위기 발생 시의 특정 금융기관의 부실위험을 측정하여 시스템적 중요성을 판단한다. 즉, MES는 ΔCoVaR와 반대인 선후관계를 추정하는 방법이라고 할 수 있다.

본 연구의 주요 분석 중 하나인 ELS 발행이 시스템리스크에 미치는 영향 분석에 있어서 개별 금융기관을 리스크 유발자로 간주하는 것이 더 적합하다. 이에 따라 주요 분석은 ΔCoVaR를 활용하여 수행하였다.[14]

우선 Adrian and Brunnermeier(2016)에 따라 ΔCoVaR는 다음과 같이 정의된다.

$$\Delta CoVaR_q^{system|i} = CoVaR_q^{system|X^i = VaR_q^i} - CoVaR_q^{system|X^i = VaR_{50}^i}$$

---

13 시장 데이터 이외에 금융기관의 대차대조표(balance sheet)를 활용한 시스템리스크 측정 방법이 있으나, 적시성이 낮으며, 전이위험을 추정하기 위해 금융기관 간 채무관계에 대한 미시적 데이터가 필요하다. 현재 우리나라의 경우 금융당국만이 금융기관 간 채무관계에 대한 미시적 데이터를 이용할 수 있다.

14 강건성 검증을 위해 MES를 이용한 결과를 부록에 추가하였다. MES를 활용한 결과 ΔCoVaR와 유사한 결과를 확인하였다.

여기서 X^i는 금융기관 i의 주가수익률을 의미하며, VaR_q^i는 X^i의 q% 분위수, 즉 $\Pr(X^i \le VaR_q^i) = q\%$이다. $CoVaR_q^{system|C(X^i)}$는 X^i의 특정 사건(event) $C(X^i)$에 대한 금융시스템(X^{system})의 조건부 VaR_q로 정의된다.

즉, $\Pr(X^{system} | C(X^i) \le CoVaR_q^{system|C(X^i)}) = q\%$ 이며, X^{system}은 금융시스템을 표현하는 지수의 수익률이다. 또한 일반적으로 $C(X^i) = \{X^i = VaR_\alpha^i\}$이다. 즉, $C(X^i)$는 금융기관 i의 주가수익률이 특정 분위수(α)인 경우의 사건(event)을 위미한다.

대략적으로 말하면, $CoVaR_q^{system|X^i}$는 금융기관 i의 위험 증가(주가수익률이 50%에서 q% 분위수로 변화)에 따른 금융시스템의 꼬리위험(tail risk, q% 분위수)의 변화이다.

Adrian and Brunnermeier(2016)는 ΔCoVaR 추정을 위하여 ΔCoVaR를 분위수 회귀분석(Quantile Regression) 계수를 활용하여 다음과 같이 표현하였다.

$$\Delta CoVaR_q^i = \beta_q^i (VaR_q^i - VaR_{50}^i)$$

여기서 β_q^i는 금융시스템 지수수익률 X^{system}과 금융기관 i의 주가수익률 X^i의 분위 회귀분석(q%)을 통해 추정된 계수이다. 위 식과 분위수 추정을 통해 ΔCoVaR를 추정할 수 있다. 예를 들어 Adrian and Brunnermeier (2016)과 같이 β_q^i를 다음의 분위수 회귀분석식으로부터 추정하였다.

$$X_t^{system|i} = \alpha_q^{system|i} + \gamma_q^{system|i} \mathrm{M}_{t-1} + \beta_q^{system|i} X_t^i + \epsilon_{q,t}^{system|i}$$

위 식에서 Mt_1은 전기의 제반 거시변수이다.

제2절 추정방법

본 연구는 ΔCoVaR 추정을 위하여 Engle(2002)의 Dynamic Conditional Correlation(DCC)를 활용하였다. 구체적으로 Benoit et al.(2013) 및 Brownless and Engle(2012)에 따라 개별 금융회사와 금융시스템 지수수익률을 모형화하여 추정하였다. 이에 대해 간략히 설명하면 다음과 같다.

우선 개별 금융기관(또는 업권)의 주가수익률과 금융업 지수의 수익률의 시점별 공분산 행렬은 조건부 표준편차와 상관계수로 표현한다.

$$\begin{pmatrix} \sigma_{mt}^2 & \sigma_{it}\sigma_{mt}\rho_{it} \\ \sigma_{it}\sigma_{mt}\rho_{it} & \sigma_{it}^2 \end{pmatrix}$$

우선 위 식에서의 표준편차(σ_{it}, σ_{mt})를 Brownless and Engle(2012)에 따라 Glosten *et al*.(1993)의 GJR 모형을 사용하여 추정한다. 그다음 단계로 조건부 상관관계 ρ_{it}를 DCC 모형을 활용하여 추정한다.

Benoit *et al*.(2013)은 조건부 표준편차와 상관계수로 각 시점별 Δ CoVaR를 다음과 같이 도출할 수 있음을 보였다.

$$\Delta CoVaR_q^{it} = \gamma^{it}\left(VaR_q^{it} - VaR_{50}^{it}\right)$$

단, $\gamma^{it} = \frac{\rho_{it}\sigma_{mt}}{\sigma_{it}}$

따라서 시점별 표준편차(σ_{it}, σ_{mt})와 조건부 상관관계(ρ_{it})의 추정치를 위 식에 대입하여 γ^{it}의 추정치를 구한다. 또한 수익률 시계열 데이터를 개별 금융기관과 금융업 지수의 시점별 표준편차(σ_{it}, σ_{mt})로 표준화하여 시점별 Value at Risk를 추정한다. 이를 통해 시점별 ΔCoVaR를 추정하였다.

제5장

분석 결과 및 해석

제1절 기술통계량

시점별 ΔCoVaR를 추정하기 위해 2006년 1월부터 2020년 12월까지 KOSPI 은행업, 증권업, 보험업 지수와 금융업 지수의 일별 수익률을 이용하였다. 각 업권별 지수수익률의 기술통계량은 <표 5-1>과 같다.

은행, 증권, 보험, 금융업 지수의 평균 일별 수익률은 각각 0.005%, 0.013%, 0.014%, 0.004%로 0%에 가까웠다. 이는 업권별 지수가 개별 주가의 가중평균으로 구성되기 때문이다. 일반적으로 평균 일별 주가수익률은 거의 0%이다. 일별 지수수익률의 표준편차는 증권업(2.228%), 은행업(1.914%), 보험업(1.640%) 순이었다. 증권업 지수의 변동성이 은행업, 보험업 지수에 비해 다소 크다는 것을 알 수 있다.

<표 5-1> 업권별 지수수익률의 기술통계량

(단위: 개, %)

변수	Obs	평균	표준편차	최소	최대
은행	3,708	0.005	1.914	-14.840	14.390
증권	3,708	0.013	2.228	-14.630	14.560
보험	3,708	0.014	1.640	-11.110	11.580
금융업 지수	3,708	0.004	1.584	-12.250	11.280

자료: FnGuide(https://www.fnguide.com/, 접속일: 2021. 11. 15).

<표 5-2> ELS 발행잔액이 시스템리스크에 미치는 영향 추정 회귀분석 기술통계량

변수	Obs	평균	표준편차	최소	최대
ELS 발행잔액(조원)	10,650	1.92	2.23	0.00	12.16
총자산(조원)	10,650	68.53	126.31	1.29	578.35
자본 대비 자산비율	10,650	0.12	0.04	0.06	0.36
한국은행 기준금리(%)	10,650	2.07	0.72	0.75	5.25
미국 기준금리(%)	10,650	0.71	0.74	0.13	2.5
소비자물가지수(yoy, %)	10,650	1.82	1.17	-0.4	4.8
GDP(yoy, %)	10,650	2.94	1.82	-2.6	7.9

자료: 금감원 금융통계정보시스템; 한국은행 ECOS.

또한 총 15개 금융기관(은행 5개, 증권사 5개, 보험사 5개)의 ΔCoVaR를 추정하기 위해 각 금융기관의 일별 주식수익률을 이용하였다(부표 3).

ELS 발행이 시스템리스크(ΔCoVaR 및 MES)에 미치는 영향을 분석하기 위해 고정효과 패널회귀모형을 이용하였다. 고정효과 모형에서 통제하는 제반 거시변수는 한국 기준금리, 미국 기준금리, 한국 소비자물가지수, GDP이다. <표 5-2>는 이들 변수의 통계량을 기술하고 있다.

또한 금융기관별 통제변수로는 자산과 자본비율(자본/자산)을 사용하였다. 자산은 금융기관이 금융시스템에 미치는 영향에 영향을 주는 1차적인 변수이다. 또한 자본비율은 개별 금융기관의 부실위험성을 측정하는 대표적인 지표이다. 금융당국은 자본비율을 금융기관 건전성 규율의 우선적인 기초지표로 사용한다. 이에 따라 고정효과 모형에서 개별 금융기관의 자산과 자본비율을 통제하여 ELS가 시스템리스크에 미치는 영향을 분석하였다.

[그림 5-1]은 연도별 ELS 발행잔액과 상위 5개사의 발행잔액 기준 비중을 나타낸다. ELS 총발행잔액은 2008년 약 20.2조원에서 2009~10년에 약 11.7조원으로 감소하였다가 이후 증가하여 2018년에는 약 54.5조원으로 10년 만에 2배 이상이 되었다. 코로나 이후 ELS 총발행잔액은 2019년에 약 48.3조원으로 다소 감소하였으며, 2020년 말에는 37.1조원이 되었다. 2020년 말 상위 5개사의 발행잔액 기준 비중은 약 60%이며, 그 비중은 2008년 말 약 50%에 비해 다소 증가하였다.

[그림 5-1] 연도별 ELS 발행 잔액 상위 5개사 비중

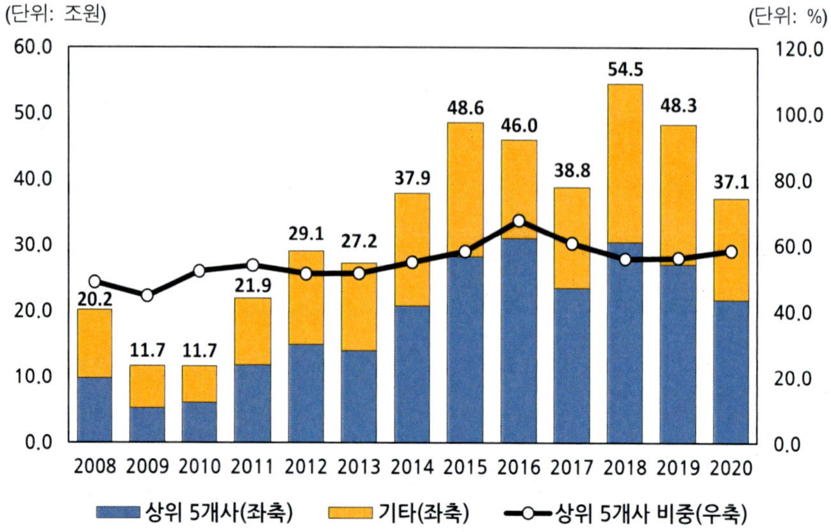

주: 레이블 수치는 연도별 ELS 발행 잔액을 의미함.
자료: 한국예탁결제원(https://www.ksd.or.kr/ko/, 접속일: 2021. 11. 15).

제2절 추정 결과 및 해석

1. 시기별 추정 결과

은행, 증권, 보험 업권별 ΔCoVaR를 시기에 따라 추정한 결과, 글로벌 금융위기, 유럽 재정위기, 코로나19 위기 등 위기마다 ΔCoVaR는 크게 증가하였다. 이는 위기 시 금융시스템 전체의 위험 증가를 측정하고자 하는 시스템리스크의 개념을 반영한 적합한 추정 결과이다. 또한 세 위기 기간 동안 은행, 증권, 보험 업권의 ΔCoVaR 증가는 모든 업권의 재무적 곤경(distress)[15]이 금융시스템 전체의 위험에 미치는 영향이 증가함을 의미한다. 이는 위기 시 금융업 지수와 개별 금융기관 수익률의 상관

15 본 연구에서 재무적 곤경은 ΔCoVaR 정의를 따른다. 즉, 개별 업권 지수의 주간 수익률이 중간값에서 하위 5% 값으로 감소하는 상황을 의미한다.

[그림 5-2] 업권별 ΔCoVaR 시계열

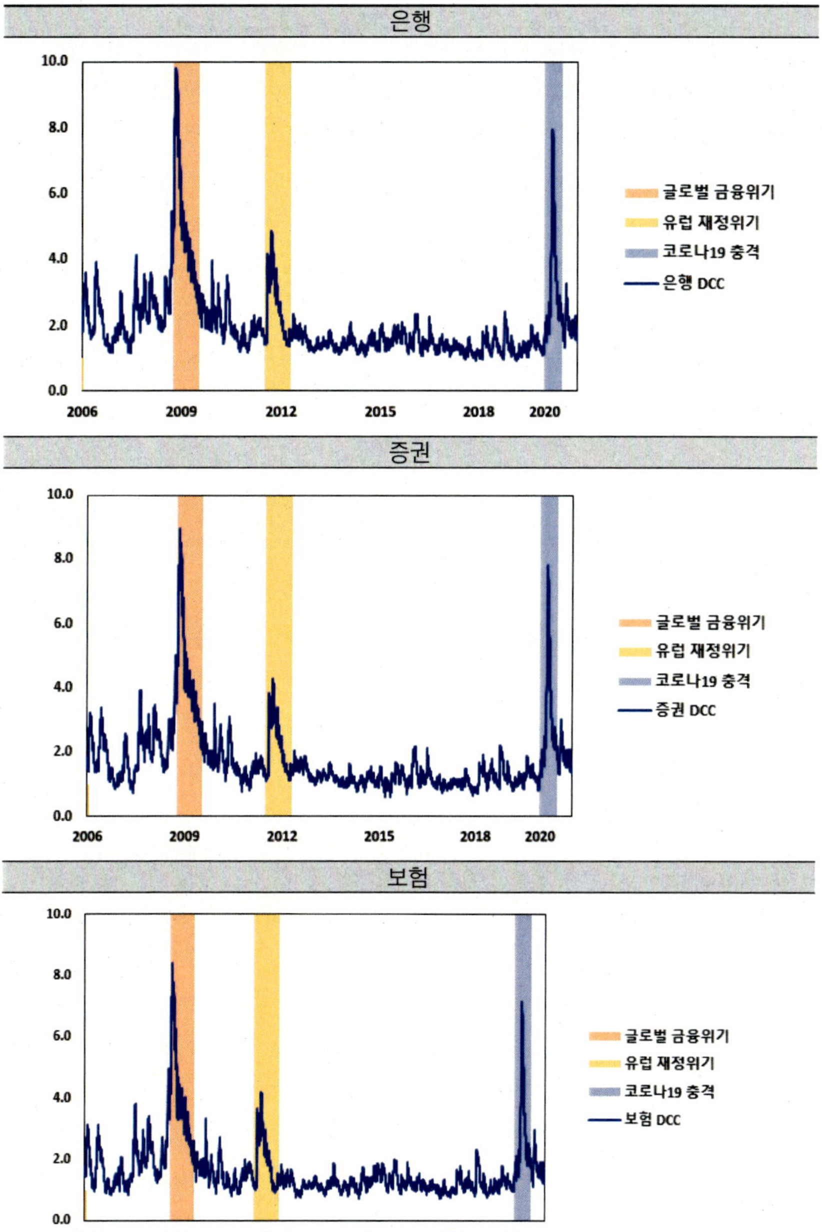

자료: FnGuide의 주가수익률 자료를 통해 저자 계산.

<표 5-3> 업권별, 시기별 ΔCoVaR(전체 분석기간, 글로벌 금융위기, 유럽 재정위기)

(단위: %)

전체 기간	은행업	증권업	보험업
ΔCoVaR	2.03 (1.12)	1.75 (1.07)	1.64 (0.96)
Asset VaR	2.76 (1.22)	3.27 (1.41)	2.39 (1.01)
Market VaR	2.30 (1.18)	2.30 (1.18)	2.30 (1.18)
글로벌 금융위기	은행업	증권업	보험업
ΔCoVaR	5.24 (1.82)	4.73 (1.68)	4.30 (1.62)
Asset VaR	6.58 (2.07)	6.31 (2.23)	4.62 (1.52)
Market VaR	5.66 (1.99)	5.66 (1.99)	5.66 (1.99)
유럽 재정위기	은행업	증권업	보험업
ΔCoVaR	2.57 (0.95)	2.27 (0.86)	2.05 (0.88)
Asset VaR	3.45 (1.04)	3.93 (1.16)	2.16 (0.52)
Market VaR	2.79 (0.21)	2.79 (0.21)	2.79 (0.21)

자료: FnGuide의 주가수익률 자료를 바탕으로 저자 계산.

관계가 증가하고 개별 금융기관의 도산위험 또한 증가하여 나타난 현상이다.

구체적인 추정치를 살펴보면 다음과 같다(표 5-3). 전체 분석기간(2006. 1~2020. 12) 동안의 은행업, 증권업, 보험업 지수 ΔCoVaR 추정치의 평균은 각각 2.03%, 1.75%, 1.64%이다. 즉, 개별 업권 지수의 일별 수익률이 중간값에서 하위 5% 값으로 감소할 경우, 금융업 지수 일별 5% Value at Risk(하위 5% 분위수의 절댓값)는 평균적으로 각각 2.03%, 1.75%, 1.64% 증가함을 의미한다. 이는 개별 업권의 위기(distress)가 전체 금융시스템의 하방 리스크 증가(평균 2.03%, 1.75%, 1.64%)에 영향을 미침을 의미한다. 전체 분석기간(2006. 1~2020. 12) 동안 금융업 지수 5%

Value at Risk의 평균이 2.30%인 점을 감안하면, ΔCoVaR 추정 결과는 각 업권이 전체 금융시스템에 미치는 영향의 크기(평균 2.03%, 1.75%, 1.64%)가 작지 않다는 것을 보여준다.

글로벌 금융위기 기간(2008. 10~2009. 6) 동안 업권별 ΔCoVaR 추정치의 평균은 각각 5.24%, 4.73%, 4.30%이다. 이는 전체 분석기간(2006. 1~2020. 12) 업권별 ΔCoVaR 추정치의 평균(2.03%, 1.75%, 1.64%) 대비 각각 3.21%p, 2.98%p, 2.65%p 큰 수치이다. 이 차이는 전체 분석기간(2006. 1~2020. 12) 동안 업권별 ΔCoVaR 표준편차(1.12%, 1.07%, 0.96%)의 2.86, 2.79, 2.76배이다. 이는 글로벌 금융위기 기간 동안 업권별 시스템리스크가 통계적으로 유의하게 증가하였음을 암시한다.

한편, 글로벌 금융위기 기간(2008. 10~2009. 6) 동안 금융업 지수 5% Value at Risk(하위 5% 분위수의 절댓값)의 평균은 5.66%이며, 전체 분석기간(2008. 10~2009. 6) 동안 금융업 지수 5% Value at Risk(2.30%)의 평균값 대비 3.66%p 증가하였다. 이는 글로벌 금융위기 기간 동안 금융업 전체의 위험이 증가하였음을 암시하며, 위기 시 증가하는 시스템리스크의 개념에 부합하는 추정 결과이다.

유럽 재정위기 기간(2010. 1~2012. 6) 동안 은행업, 증권업, 보험업 지수 ΔCoVaR의 최댓값은 각각 4.87%, 4.27%, 4.17%이다. 이는 전체 분석기간(2006. 1~2020. 12)의 업권별 ΔCoVaR 추정치의 평균(2.03%, 1.75%, 1.64%) 대비 각각 2.84%p, 2.52%p, 2.52%p 큰 수치이며, 전체 분석기간(2006. 1~2020.12)의 업권별 ΔCoVaR 표준편차(1.12%, 1.07%, 0.96%)의 3.75, 3.2, 3.21배이다. 이 추정 결과는 시스템리스크가 유럽 재정위기 기간(2010. 1~2012. 6) 동안 증가하였음을 암시하며, 위기 기간 동안 금융업 전체의 위험 증가를 측정하고자 하는 시스템리스크의 개념에 부합하는 추정 결과이다.

코로나19 위기 기간(2020. 1~2020. 6) 동안 은행업, 증권업, 보험업 지수의 ΔCoVaR 평균은 각각 3.31%, 3.12%, 2.88%이다. 이는 전체 분석기간(2008. 10~2009. 6)의 업권별 ΔCoVaR 추정치의 평균(2.03%, 1.75%, 1.64%) 대비 각각 2.19%p, 2.05%p, 1.92%p 큰 수치이며, 전체 분석기간

<표 5-4> 업권별, 시기별 ΔCoVaR(코로나19 위기, 2020년 마진콜 사태)

(단위: %)

코로나19 위기	은행업	증권업	보험업
ΔCoVaR	3.31 (1.69)	3.12 (1.70)	2.88 (1.53)
Asset VaR	4.24 (1.62)	4.51 (2.17)	3.70 (1.66)
Market VaR	3.66 (1.82)	3.66 (1.82)	3.66 (1.82)
2020년 마진콜 사태	**은행업**	**증권업**	**보험업**
ΔCoVaR	4.93 (2.11)	4.75 (2.12)	4.41 (1.96)
Asset VaR	5.29 (1.92)	5.73 (2.90)	4.60 (1.91)
Market VaR	5.39 (2.28)	5.39 (2.28)	5.39 (2.28)

자료: FnGuide의 주가수익률 자료를 바탕으로 저자 계산.

(2008. 10~2009. 6)의 업권별 ΔCoVaR 표준편차(1.12%, 1.07%, 0.96%)의 2.95, 2.91, 3배이다. 즉, 코로나19 위기 기간 동안 역시 시스템리스크가 증가했으며, 그 증가의 크기는 글로벌 금융위기(2008. 10~2009. 6)보다는 작으며, 유럽 재정위기(2010. 1~2012. 6)보다는 큰 것으로 나타난다.

특히 증권사 마진콜 사태 기간(2020. 3. 1~31) 동안 ΔCoVaR는 크게 증가한 것으로 나타났다(그림 5-3). 이 기간 동안 업권별 ΔCoVaR 추정치의 최댓값은 각각 7.94%, 7.81%, 7.16%이다. 이는 전체 분석기간(2008. 10~2009. 6)의 업권별 ΔCoVaR 표준편차(1.12%, 1.07%, 0.96%)의 7.1, 7.3, 7.46배이다. 이는 글로벌 금융위기 시기 ΔCoVaR의 최댓값(9.82%, 8.94%, 8.40%)의 약 0.81~0.87배 수준의 값이며, 유럽 재정위기 당시 ΔCoVaR의 최댓값(4.87%, 4.27%, 4.17%)의 약 1.63~1.82배 수준의 값이다. 즉, 추정 결과, 코로나19 위기 초기 증권사의 마진콜 사태 당시 우리나라 금융시장 전체의 위험성이 매우 컸음을 암시한다.

[그림 5-3] 금융시장 충격 시기별, 업권별 ΔCoVaR 시계열

글로벌 금융위기(2008년 10월 ~ 2009년 6월)

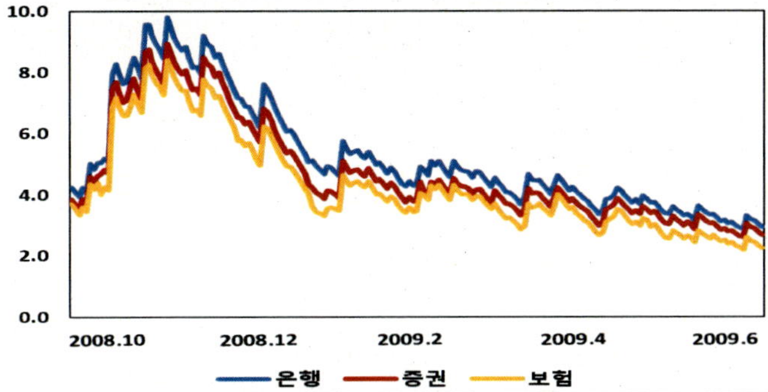

코로나19 충격(2020년 1월 ~ 2020년 6월)

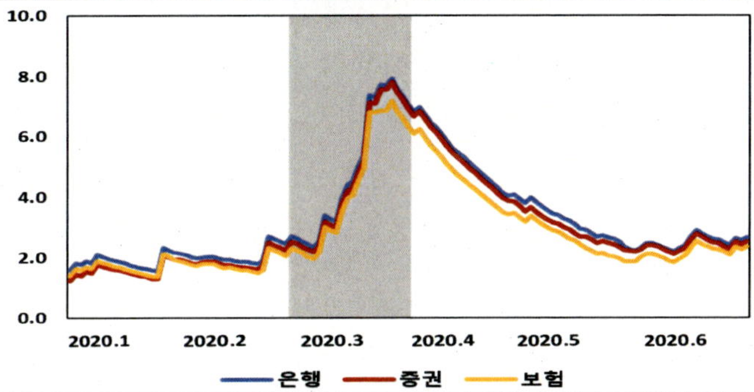

2020년 마진콜 사태(2020년 3월)

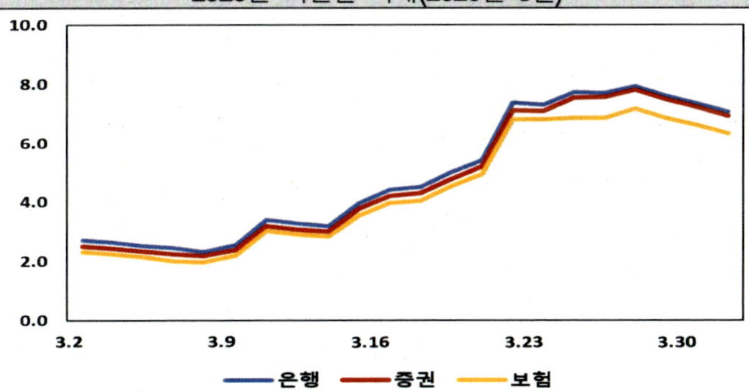

자료: FnGuide의 주가수익률 자료를 통해 저자 계산.

2. 업권별 · 금융기관별 추정 결과 비교

은행, 증권, 보험 업권별 ΔCoVaR의 차이는 글로벌 금융위기, 유럽 재정위기, 코로나19 위기별로 다른 양상을 보였다. 앞선 <표 5-3>과 <표 5-4>를 통해서 업권별 ΔCoVaR의 차이를 비교해 보면, 전체 분석기간 동안 은행업 대비 증권업의 ΔCoVaR는 약 0.28%p 낮았으며, 보험업은 약 0.39%p 낮았다. 또한 [그림 5-4]에서 알 수 있듯이 개별 은행(은행지주 포함), 증권, 보험사의 ΔCoVaR도 업권지수별 ΔCoVaR와 유사한 경향을 보여준다. 구체적으로 살펴보면 2020년 말 기준 자산순위 5대 은행 및 은행지주회사[16]의 ΔCoVaR는 5개 증권사 및 5개 보험사의 ΔCoVaR에 비해 그 크기가 큰 경향이 있다. 개별 금융회사의 ΔCoVaR 추정치는 <부표 4>에 나타나 있다.

[그림 5-4] 2006년 1월 ~ 2020년 12월 ΔCoVaR(DCC) – Asset VaR 산점도

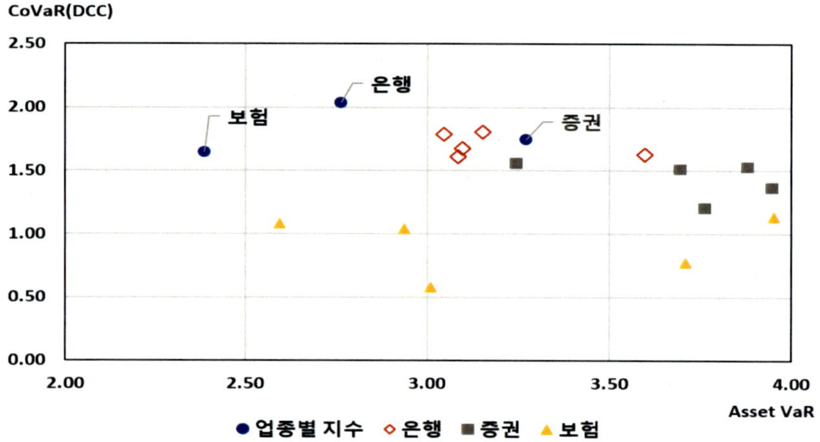

주: 5개 은행(신한금융지주, KB금융지주, 하나금융지주, 우리금융지주, IBK기업은행), 5개 증권사(미래에셋증권, 메리츠증권, 한국투자금융지주, NH투자증권, 삼성증권), 5개 보험사(미래에셋생명, 삼성생명, 한화생명, DB손해보험, 롯데손해보험) 대상.
자료: FnGuide의 주가수익률 자료를 바탕으로 저자 계산.

16 은행지주회사의 경우 대부분의 자산 및 수익(자산 70% 이상, 수익 60% 이상(2018년 말 기준))이 은행업으로 구성되어 있다. 이에 따라 개별 금융회사의 ΔCoVaR 분석 시 은행지주회사를 은행업으로 구분하였다. 시장 기반 데이터를 활용한 ΔCoVaR의 특성을 활용하고자 비상장 자회사의 주식수익률을 분리하여 추정하지 않았다.

이는 우리나라 은행이 증권사와 보험사 대비 우리나라 금융시장 및 시스템에서 차지하는 비중 및 규모의 현황과 부합하는 결과이다. 지난 10년간 은행 대비 비은행권의 자산 비중이 커진 것은 사실이나, 분석기간 전체의 시계열 자료와 ΔCoVaR의 추정 결과는 우리나라 금융시장에서 증권사와 보험사 대비 은행의 상대적 중요성을 보여주고 있다.

또한 글로벌 금융위기 기간 동안 은행업 대비 증권업과 보험업의 평균 ΔCoVaR는 각각 0.51%p와 0.94%p 낮았으며, 유럽 재정위기 기간 동안에는 각각 0.30%p와 0.52%p 낮았다(표 5-3). 또한 [그림 5-5]와 [그림 5-6]에서 알 수 있듯이 개별 은행(은행지주 포함), 증권사, 보험사의 ΔCoVaR도 업권지수별 ΔCoVaR와 유사한 경향을 보여준다.

이는 글로벌 금융위기 시기에 은행의 재무적 곤란(distress)이 전체 금융시장에 미치는 영향이 유럽 재정위기 시기보다 상대적으로 컸음을 의미한다. 이러한 차이는 글로벌 금융위기 당시 비은행 대비 은행의 자산 비중과 전체 금융시장에서 은행의 고유 업무인 대출 및 예금 등 금융상품의 중요성이 컸던 상황으로 인해 발생하였을 가능성이 있다.

한편, 코로나19 위기 기간 동안(특히 마진콜 사태 당시) 증권업과 은행업의 ΔCoVaR 차이는 글로벌 금융위기와 유럽 재정위기 시기 대비 크게 줄어들었다. <표 5-4>에서 나타나듯이 코로나19 위기 기간 동안 은행업 대비 증권업의 평균 ΔCoVaR는 0.19%p 낮았다. 이는 글로벌 금융위기(0.51%p)와 유럽 재정위기 시기(0.30%p)보다 작은 수치이다. 마진콜 사태 기간 동안 ΔCoVaR가 최대(은행 ΔCoVaR 7.94%)인 시점에서 증권업과 은행업의 ΔCoVaR 차이의 최솟값은 0.12%p인 반면, 글로벌 금융위기와 유럽 재정위기 당시 ΔCoVaR가 최대(은행 ΔCoVaR가 각각 9.82%, 4.87%)인 시점에서 증권업과 은행업의 ΔCoVaR 차이의 최솟값은 각각 0.88%p와 0.59%p이다. 즉, 마진콜 기간 동안 증권업이 금융시스템 전체의 위험에 미치는 상대적 영향이 글로벌 금융위기와 유럽 재정위기 시기보다 컸음을 의미한다. 이는 당시 ELS 해외 기초자산의 마진콜과 증권사의 외화유동성 부족이 여전사의 차환 리스크 증가와 단기금융시장 금리 상승 등의 영향을 주어 코로나19 위기 초기 당시 증권사가 금융시스템에

[그림 5-5] 글로벌 금융위기 기간 ⊿CoVaR(DCC)－Asset VaR 산점도

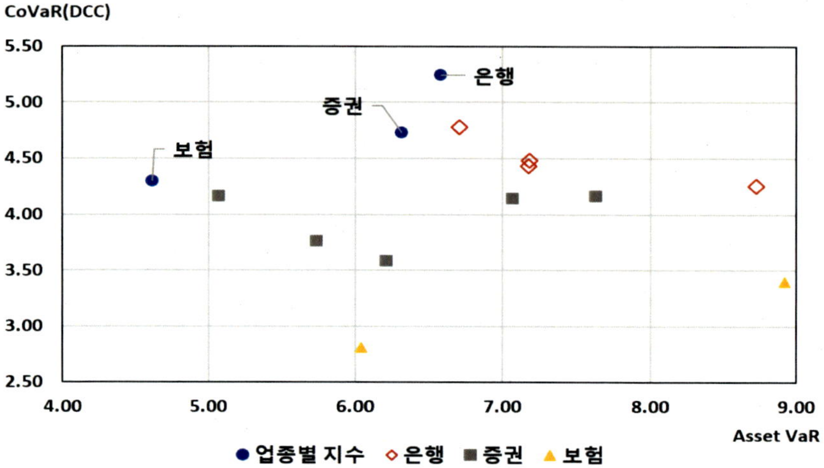

주: 1) 4개 은행(신한금융지주, KB금융지주, 하나금융지주, IBK기업은행), 5개 증권사(미래에셋증권, 메리츠증권, 한국투자금융지주, NH투자증권, 삼성증권), 2개 보험사(DB손해보험, 롯데손해보험) 대상.

2) 글로벌 금융위기 기간은 2008년 4분기에서 2009년 2분기까지로 설정함.

자료: FnGuide의 주가수익률 자료를 바탕으로 저자 계산.

[그림 5-6] 유럽 재정위기 기간 ⊿CoVaR(DCC)－Asset VaR 산점도

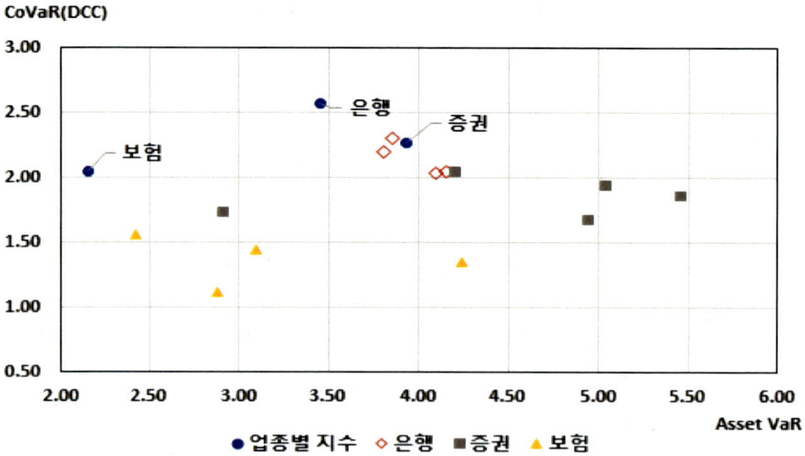

주: 1) 4개 은행(신한금융지주, KB금융지주, 하나금융지주, IBK기업은행), 5개 증권사(미래에셋증권, 메리츠증권, 한국투자금융지주, NH투자증권, 삼성증권), 4개 보험사(삼성생명, 한화생명, DB손해보험, 롯데손해보험) 대상.

2) 유럽 재정위기 기간은 2010년 1분기에서 2012년 2분기까지 설정함.

자료: FnGuide의 주가수익률 자료를 바탕으로 저자 계산.

[그림 5-7] 코로나19 충격 기간 ΔCoVaR(DCC)－Asset VaR 산점도

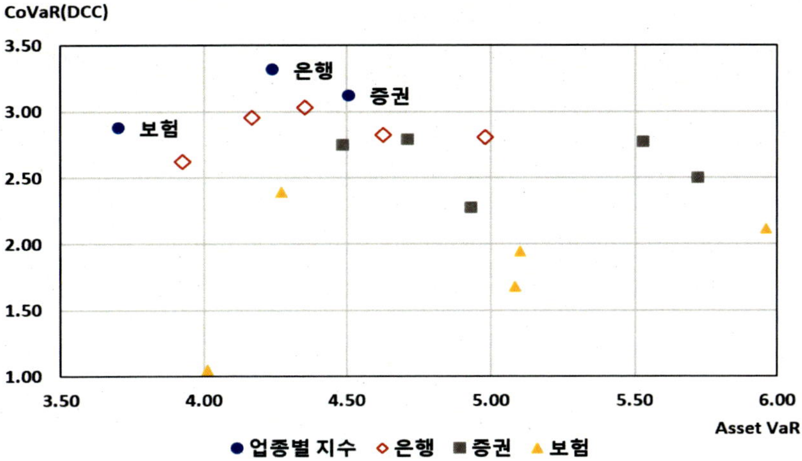

주: 1) 5개 은행(신한금융지주, KB금융지주, 하나금융지주, 우리금융지주, IBK기업은행), 5개 증권사(미래에셋증권, 메리츠증권, 한국투자금융지주, NH투자증권, 삼성증권), 5개 보험사(미래에셋생명, 삼성생명, 한화생명, DB손해보험, 롯데손해보험) 대상.

2) 코로나19 충격 기간은 2020년 1분기에서 2020년 2분기까지로 설정함.

자료: FnGuide의 주가수익률 자료를 바탕으로 저자 계산.

[그림 5-8] 2020년 마진콜 사태 시 ΔCoVaR(DCC)－Asset VaR 산점도

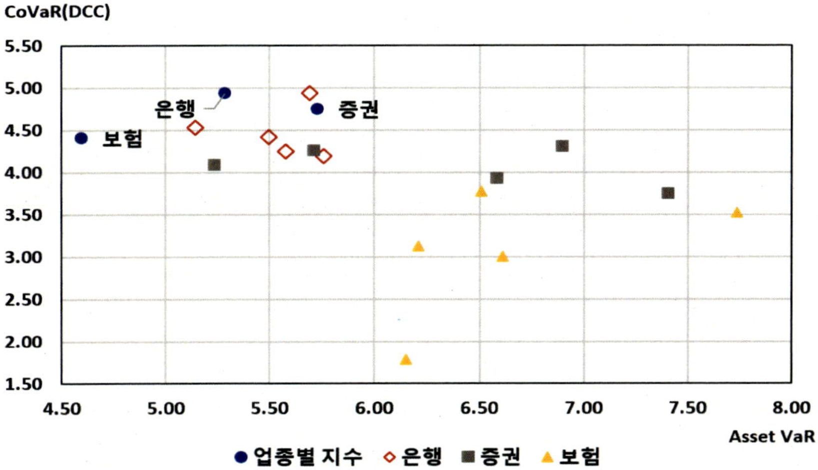

주: 1) 5개 은행(신한금융지주, KB금융지주, 하나금융지주, 우리금융지주, IBK기업은행), 5개 증권사(미래에셋증권, 메리츠증권, 한국투자금융지주, NH투자증권, 삼성증권), 5개 보험사(미래에셋생명, 삼성생명, 한화생명, DB손해보험, 롯데손해보험) 대상.

2) 2020년 마진콜 사태 기간은 2020년 3월로 설정함.

자료: FnGuide의 주가수익률 자료를 바탕으로 저자 계산.

미치는 영향력이 컸음을 암시한다.

전체 분석기간 동안 각 업권의 하방 리스크는 글로벌 금융위기 기간을 제외하고 유사한 형태로 나타났다. <표 5-3>에서 나타난 전체 분석기간 동안 업권별 5% Value at Risk를 살펴보면, 증권업(3.27%), 은행업(2.76%), 보험업(2.39%) 순서로 5% Value at Risk의 크기가 줄어들며, 글로벌 금융위기 기간을 제외하고 증권, 은행, 보험 순으로 하방 리스크가 감소하였다. 이는 각 업권의 기능 및 우리나라 금융시장의 상황에 상응하는 추정 결과로 해석된다. 증권업의 경우 은행과 보험에 비해 고위험 금융상품을 제공·투자하고, 은행은 보험에 비해 총자산의 규모가 크고, 더욱 다양한 금융기관과의 거래가 많으며, 자산과 부채의 만기가 짧다. 이로 인해 증권업, 은행업, 보험업 지수 순으로 하방 리스크, 즉 5% Value at Risk가 클 가능성이 높다. 한편, 앞 절에서 살펴본 바와 같이 시스템리스크(ΔCoVaR)의 경우 은행(2.03%), 증권(1.75%), 보험(1.64%) 순으로 높다.

[그림 5-4]에서 알 수 있듯이 각 업권에 속한 개별 금융회사의 5% Value at Risk 추정 결과, 개별 증권사의 하방 리스크가 은행과 보험사의 하방 리스크보다 크고, 개별 은행의 하방 리스크가 개별 보험사보다 전반적으로 더 크게 나타난다. 다만, 2개 보험사의 5% Value at Risk는 증권사보다 크게 나타났다. 한편, ΔCoVaR의 경우 개별 은행의 ΔCoVaR가 개별 증권사보다 전반적으로 크게 나타났으며, 개별 보험사의 ΔCoVaR는 개별 증권사의 ΔCoVaR보다 작은 값을 가진다. 이는 업권별 지수를 기반으로 한 ΔCoVaR의 추정 결과에서 나타난 양상과 일치하는 결과이다.

글로벌 금융위기 기간 동안 업권별 5% Value at Risk를 살펴보면, 은행업(6.58%), 증권업(6.31%), 보험업(4.62%) 순으로 5% Value at Risk의 크기가 줄어든다(표 5-3). 이는 글로벌 금융위기 당시 은행이 증권사보다 더 큰 하방 리스크가 있었음을 보여준다. 다만, 은행업과 증권업의 5% Value at Risk(각각 6.58%, 6.31%)의 차이(0.27%p)는 전체 분석기간 동안의 두 업권의 5% Value at Risk(각각 2.76%, 3.27%)의 차이(0.51%p)보다 작다.

유럽 재정위기 기간 동안 업권별 5% Value at Risk는 전체 기간의 업권별 추정치와 유사하게 나타났다(표 5-3). 즉, 추정 결과 증권업(3.93%), 은행업(3.45%), 보험업(2.16%) 순으로 5% Value at Risk의 크기가 줄어든다. 다만, 전체 기간의 추정치와 비교할 경우, 은행업이 증권사에 비해 하방 리스크가 더 크게 증가한 것으로 보인다. 이는 글로벌 금융위기 시기와 유사하게 은행업의 하방 리스크가 증권업에 비해 상대적으로 더 증가하였음을 의미한다. 개별 금융기관의 추정치도 이러한 현상에 부합하게 추정되었다.

코로나19 위기 기간과 마진콜 사태 기간의 5% Value at Risk도 증권업(각각 4.51%, 5.73%), 은행업(각각 4.24%, 5.29%), 보험업(각각 3.70%, 4.60%) 순으로 추정되었다(표 5-4). 이는 전체 기간의 평균(은행업 2.76%, 증권업 3.27%, 보험업 2.39%)과 표준편차(은행업 1.22%, 증권업 1.41%, 보험업 1.01%)를 고려할 경우, 이 기간 동안 업권별 하방 리스크가 통계적으로 유의하게 변화하였음을 암시한다. 개별 금융기관의 추정치도 업권별 지수의 추정치와 유사한 결과를 보여준다.

3. 마진콜 기간 전후 개별 증권사의 ΔCoVaR 추정

마진콜 기간 전후 개별 금융회사의 시스템리스크를 분석한 결과를 살펴보면 모든 증권사에서 ΔCoVaR가 크게 증가하였음을 알 수 있다. 개별 금융회사의 ΔCoVaR는 2019년 4분기 대비 2.97~3.33%p 증가하였고, 전년 동월(2019년 3월) 대비 3.04~3.50%p 증가하였다. 또한 금융지주회사와 증권사 모두 유사한 크기로 ΔCoVaR가 증가하였다.

[그림 5-9] 시기별 증권사별 ΔCoVaR 비교 1

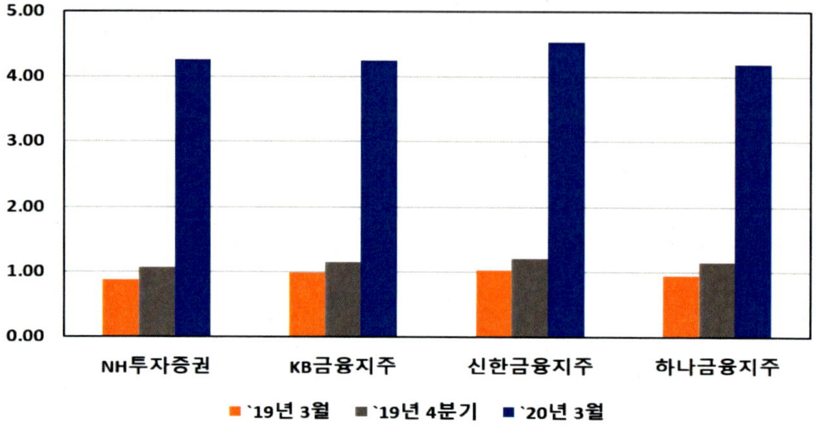

자료: FnGuide의 주가수익률 데이터를 바탕으로 저자 계산.

[그림 5-10] 시기별 증권사별 ΔCoVaR 비교 2

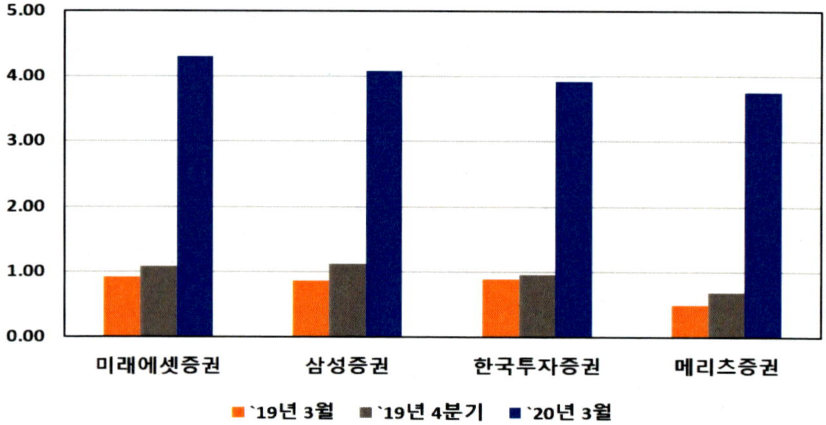

자료: FnGuide의 주가수익률 데이터를 바탕으로 저자 계산.

제3절 ELS 영향 분석

본 절에서는 고정효과 회귀분석을 통해 ELS 발행이 ΔCoVaR에 미치는 영향을 분석한다. 구체적인 회귀식은 다음과 같다.

$$\Delta CoVaR_{i,t} = \alpha + \beta_1 \ln(ELS_{i,t} + 1) + \beta_2 asset_{i,t} + \beta_3 capital_{i,t} + \gamma X_t + u_i + \varepsilon_{i,t}$$

X_t는 통제하는 제반 거시변수(한국 기준금리, 미국 기준금리, 한국 소비자물가지수, GDP)이며, u_i는 기관별 고정효과이다.

ΔCoVaR는 주별 주가수익률을 기반으로 추정되었으며, ELS 발행잔액은 주별 자료를, 자산과 자본비율 및 제반 거시변수는 분기별 자료를 사용하였다. 종속변수(ΔCoVaR)와 독립변수(ELS 발행잔액)의 주기를 일치시키기 위하여 고정효과 회귀모형에서는 주별 주가수익률을 이용하여 ΔCoVaR를 추정하였다.

분석대상 기간은 세 번의 위기 기간, 위기 기간을 제외한 두 시기로 나누어 추정하였다. 구체적으로 (1) 글로벌 금융위기, (2) 유럽 재정위기, (3) 코로나19 위기 시기와 위기 기간을 제외한 두 기간인 (4) 글로벌 금융위기 이후~유럽 재정위기 이전, (5) 유럽 재정위기 이후~코로나19 위기 이전)으로 기간을 나누어 분석하였다.

<표 5-5>와 <표 5-6>은 분석기간별 ΔCoVaR와 ELS 발행잔액에 대한 기술통계량을 나타낸다. 앞선 일별 데이터를 이용한 ΔCoVaR의 추정 결과에서 살펴본 바와 같이 시점별 ΔCoVaR는 글로벌 금융위기 기간 가장 크게 나타났으며, 코로나19 위기, 유럽 재정위기 순으로 그 크기가 작아졌다.

<표 5-7>은 시기별 고정효과 회귀분석의 결과를 보여준다. 분석 결과, 세 번의 위기 기간마다 ELS 발행잔액 증가가 ΔCoVaR의 증가에 영향을 미치는 것으로 나타났다. 또한 글로벌 금융위기 이후 유럽 재정위기 이전 시기와 유럽 재정위기 이후 코로나19 위기 이전 시기에는 ELS 발행

<표 5-5> 회귀분석 분석기간별 ⊿CoVaR 평균 · 표준편차 · 최대 · 최소

분석기간	평균	표준편차	최대	최소
① 글로벌 금융위기(2008. 10 ~ 2009. 6)	1.37	0.52	3.13	0.41
② 유럽 재정위기(2010. 4 ~ 2012. 3)	0.70	0.26	2.25	0.28
③ 코로나19 위기(2020. 2 ~ 2020. 4)	0.96	0.38	1.90	0.33
④ 글로벌 금융위기 후 ~ 유럽 재정위기 전	0.78	0.34	1.95	0.28
⑤ 유럽 재정위기 후 ~ 코로나19 위기 전	0.54	0.14	1.21	0.20

<표 5-6> 회귀분석 분석기간별 ELS 잔액 평균 · 표준편차 · 최대 · 최소

분석기간	평균	표준편차	최대	최소
① 글로벌 금융위기(2008. 10 ~ 2009. 6)	1.24	1.23	4.32	0.02
② 유럽 재정위기(2010. 4 ~ 2012. 3)	0.88	0.94	5.57	0.00
③ 코로나19 위기(2020. 2 ~ 2020. 4)	2.63	2.40	7.70	0.01
④ 글로벌 금융위기 후 ~ 유럽 재정위기 전	0.85	0.86	3.74	0.01
⑤ 유럽 재정위기 후 ~ 코로나19 위기 전	2.30	2.46	12.16	0.00

<표 5-7> ELS 발행잔액이 ⊿CoVaR에 미치는 영향 추정 회귀분석

	(1) 글로벌 금융위기	(2) 유럽 재정위기	(3) 코로나19 위기	(4) (1) 이후 (2) 이전	(5) (2) 이후 (3) 이전
ln(ELS 발행잔액+1)	1.802*** (0.493)	0.263*** (0.000)	1.205*** (0.207)	0.239 (0.170)	-0.002 (0.003)
총자산	-0.010 (0.027)	-0.001*** (0.000)	0.004*** (0.000)	-0.015*** (0.001)	-0.000** (0.000)
자산 대비 자본비율	0.062*** (0.013)	0.348*** (0.111)	3.022*** (0.087)	1.400** (0.610)	-0.254*** (0.005)
한국 기준금리(%)	0.618*** (0.044)	0.021*** (0.003)	0.236*** (0.018)	1.804*** (0.051)	0.006* (0.004)
미국 기준금리(%)	-1.361*** (0.095)	0.162*** (0.035)	-0.595*** (0.006)	1.994*** (0.366)	-0.019*** (0.002)
GDP(yoy)	-0.309*** (0.050)	-0.017*** (0.002)	0.040*** (0.002)	0.000 (0.006)	-0.024*** (0.001)
소비자물가지수(yoy)	0.205*** (0.010)	0.021** (0.009)	0.000 (.)	0.313*** (0.043)	-0.020*** (0.005)
기관별 고정효과			O		
관측치	623	1841	234	624	7328

주: Standard errors in parentheses(*p<0.1, **p<0.05, ***p<0.01).

잔액 증가가 ΔCoVaR에 미치는 영향을 확인하지 못하였다. 통제변수의 개수를 변화시킨 모형에서도 이와 유사한 결과가 나타났다(부표 7~9).[17]

ELS 발행잔액이 ΔCoVaR에 미치는 영향은 글로벌 금융위기 기간이 가장 컸으며, 코로나19 위기, 유럽 재정위기 순으로 줄어들었다. 구체적으로 글로벌 금융위기 기간 동안 ELS 발행잔액 1% 증가는 ΔCoVaR의 증가에 약 1.802×10-2%p의 영향을 주며, 이 추정 결과는 통계적으로 유의하다. 글로벌 금융위기 기간 동안 분석대상 증권사의 평균 ΔCoVaR가 1.37%이고 ELS 평균 발행잔액이 1.24조원이고 표준편차가 1.23조원임을 고려하면, ELS 발행의 변동성이 크며, 시스템리스크에 미치는 영향이 컸음을 알 수 있다. 예를 들어 글로벌 금융위기 기간 동안 증권사의 ELS 발행잔액이 10% 증가하면 ΔCoVaR는 0.182%p 증가하며, 이는 그 시기 평균 ΔCoVaR(1.37%)의 약 13%에 해당하는 크기이다. 한편, 유럽 재정위기, 코로나19 위기 각 시기별 ELS 발행잔액 1% 증가는 ΔCoVaR의 증가에 각각 0.263×10-2%p, 1.205×10-2%p의 영향을 주는 것으로 나타났으며, 이 추정치는 통계적으로 유의하다.

이를 통해 ELS 발행이 시스템리스크에 미치는 영향은 위기 시에 증가하는 것을 알 수 있다. 이는 제3장 제4절에서 설명한 우리나라 파생결합증권(ELS) 상품의 특징과 헤지 행태에서 비롯되는 것으로 추정된다.

---

17 또한 강건성 검증을 위해 MES를 기반으로 시스템리스크를 추정하고 위와 같은 고정효과 회귀분석을 시행하였다(부표 11~14). 분석 결과, 위기마다 ELS 발행잔액이 클수록 MES에 미치는 영향이 크게 나타났다.

제6장

결론 및 정책적 시사점

본 연구는 우리나라의 은행과 비은행업권(증권사 및 보험사) 및 개별 금융회사의 시기별 시스템리스크를 대표적인 시스템리스크 분석방법인 ΔCoVaR를 활용하여 분석하였다. 또한 금융회사의 ELS 발행이 시스템리스크(ΔCoVaR)에 미치는 영향을 분석하였다.

본 연구의 분석 결과, 은행업, 증권업, 보험업의 시스템리스크 모두 글로벌 금융위기, 유럽 재정위기, 코로나19 위기마다 크게 증가하였다. 은행업의 시스템리스크가 증권업과 보험업에 비해 상대적으로 크게 나타났으나, 업권 간 시스템리스크 차이는 위기별로 다른 양상을 보였다. 특히 2020년 3월 마진콜 사태 당시 은행업과 증권업의 시스템리스크 차이는 글로벌 금융위기와 유럽 재정위기 시기와 대비하여 크게 줄어들었다. 또한 세 번의 위기 기간마다 금융회사의 ELS 발행잔액의 증가가 ΔCoVaR의 증가에 영향을 미치는 것으로 나타났다. 이러한 결과는 우리나라의 거시건전성 관리 또는 감독에 있어서 비은행권의 중요성이 증가하였으며, 이를 위해 비은행권의 시스템리스크에 대한 면밀한 모니터링과 관리·감독 체계의 강화가 필요함을 시사한다.

본 연구 결과를 통해 향후 연구주제 및 정책과제로 우선 비은행 거시건전성 관리 및 감독에 있어서 ΔCoVaR와 같은 시장정보 기반의 시스템리스크를 활용하는 방안을 고려해 볼 수 있다. 구체적인 예시로, 금융기관의 시스템리스크 중요도 평가에 있어서 시장정보 기반 시스템리스크를 기존의 지표기준법의 보조 지표로 활용하는 방안을 고려해 볼 수 있다. 현재 은행 및 은행지주회사의 시스템적으로 중요한 금융기관의 선정에 있어서 지표기준법을 기반으로 활용하고 이들 금융기관에 추가 자본 적립을 의무화하고 있다. 지표기준법은 시스템리스크 잠재위험 평가지표를 선정하고, 고정된 가중치를 적용하여 각 은행 또는 은행지주회사의 점수를 계산함으로써 시스템적 중요도를 측정하는 방법이다. 이로 인해 변화하는 금융시장의 정보를 반영하는 데 한계가 있을 수 있다. 따라서 ΔCoVaR와 같은 시장정보 기반의 시스템리스크를 수시로 측정하여 은행 및 비은행 금융기관의 시스템리스크의 중요도를 수시로 모니터링하고 거시건전성 관리에 활용할 필요가 있다. 다만, 시장 기반 시스템리스크 측정방법은 비상장인 금융회사 또는 금융지주의 계열사 분석에는 한계가 있다. 따라서 지표기준법을 주된 지표로 활용하면서 시장정보 기반 시스템리스크 지표는 보조지표로 활용하여 비은행권에 대한 거시건전성 관리·감독을 강화할 필요가 있다.

또한 증권사의 외화유동성 모니터링에 있어서, ELS 발행과 자체헤지를 고려한 적합한 유동성 지표와 유동성 비율에 대한 연구 및 이를 활용한 정책당국의 외화유동성 모니터링 체계 구축을 고려해 볼 수 있다. 마진콜 사태 이후 외환당국은 외화유동성 비율 강화, 외화 스트레스테스트 시행 등 비은행권에 대한 외화유동성 관리강화 방안을 도입하였다. 다만, 이들 정책 발표 시 증권사 ELS 자체헤지에 따른 외화증거금 급증과 같은 우발성 외화채무 위험성 관리에 대한 구체적인 정책방안은 공표되지 않았다. 따라서 ELS 발행과 자체헤지를 고려한 외화유동성 지표와 적정 유동성 비율에 대한 연구 및 이를 활용한 외화유동성 모니터링 체계 마련이 필요하다.

한편, 은행권과 비은행권의 다양한 연결관계를 고려한 시스템리스크 분석 및 거시건전성 모니터링 방안에 대한 연구 및 이를 활용한 거시건전성 위험 분석 고도화 방안을 고려해 볼 수 있다. 현재 우리나라 정부와 한국은행은 금융안정 분석에 있어서 금융기관 간 채무 네트워크를 기반으로 한 스트레스테스트 모형을 활용하고 있다. ELS 발행 및 자체헤지를 선택한 증권사의 경우, 여전채 보유, 단기금융시장을 통한 차입 등을 통해 다른 캐피탈사 등의 금융기관과 연결성이 생기게 된다. 한국은행과 금감원은 채무 네트워크 기반 스트레스테스트 모형을 개발 및 발표하였으나, 공표한 모형에서는 비은행업권 내 개별 금융기관 간 상호거래의 미시적 데이터가 반영되지 않았으며, 외국환 거래에 따른 전이효과 및 ELS 자체헤지 등과 같은 비은행권의 특징이 반영되지 않았다(한국은행, 2018; 금융감독원, 2018). 따라서 비은행 금융기관의 특성을 반영한 금융기관 간 채무 네트워크를 기반으로 한 시스템리스크 분석 및 스트레스테스트 모형 개발을 고려해 볼 수 있다.

마지막으로, 본 연구에서 대상으로 하지 않은 MMF, 집합투자기구 등의 비은행 금융기관 및 이들의 행태가 금융시장에 미치는 영향에 대한 연구 및 이를 활용한 집합투자기구에 대한 거시건전성 관리방안을 고려해 볼 필요가 있다. 최근 영국에서는 부채연계투자(LDI)에서 비롯한 국채금리 급등으로 인해 영국경제의 금융안정성이 위협받았으며, 영란은행은 국채 매입을 통해서 국채금리의 급등을 막고 금융안정성을 회복하였다. 이와 같은 비은행 금융기관의 행태가 금융안정성에 미치는 영향에 대한 연구를 고려해 볼 필요가 있다.

참고문헌

<국문자료>

금융감독원, 「2차 효과를 반영한 스트레스 테스트 모형("STARS-II") 개발」, 2018.

______, 「'20년 중 증권회사 파생결합증권 발행·운용 현황」, 2021. 4. 27.

금융위원회, 「비은행권 거시건전성 관리강화 방안」, 2019. 1. 24.

금융위원회·금융감독원·한국거래소·금융투자협회, 「파생결합증권시장 건전화 방안」, 2020.

김범, 『보험회사의 리스템리스크에 대한 고찰』, KIRI 연구보고서, 2019.

김자봉·이규복, 『금융지주회사의 비예금부채가 시스템위험에 미치는 영향 분석 및 시사점』, KIF 연구보고서 2017-02, 2017.

김진호·김윤정, 「CoVaR를 이용한 금융회사 간 리스크 전이 분석」, 『사회과학연구논총』, 제23권, 2010.

『머니투데이』, 「1년전 그날, 증권사가 흔들리자 시스템이 휘청였다」, 2020. 4. 13.

서상원, 「시스템리스크의 측정과 관리: 서베이와 제언」, 『금융안정연구』, 제19권 제1호, 2018.

윤선중·정재훈, 「파생결합증권이 금융안정에 미치는 영향과 대응방안」, 『선물연구』, 제26권 제1호, 2018.

______, 『ELS·DLS 증가에 따른 금융 리스크 진단 및 시사점』, 자본시장연구원 연구보고서 17-04, 2017.

이석훈, 『코로나19로 인한 증권업의 유동성 이슈와 시사점』, 자본시장연구원 이슈보고서 20-16, 2020.

이승호, 「국내 증권사의 외화유동성 위기에 대한 평가와 과제」, 자본시장연구원 자본시장포커스 2020-16, 2020.

이효섭, 『증권업 시스템리스크 진단 및 대응과제』, 자본시장연구원 이슈보고서 20-13, 2020.

진옥희·이진, 「신용 사이클이 금융업권 시스템리스크에 미치는 효과 분석」, 『금융감독연구』, 제8권 제1호, 2021.

최필선·민인식, 「한국 은행산업의 CoVaR 추정」, 『한국개발연구』, 제32권 제3호, 2010, pp.71~99.

한국은행, 『금융안정보고서』, 2021. 12.

______, 「통합 스트레스 테스트 모형 개발 결과」, 『금융안정보고서』, 2018. 12, pp.83~89.

NICE, 「금융시장 변동성 확대에 따른 대형증권사 위험요인 점검」, 2020.

<영문자료>

Acharya, Viral V., Lasse H. Pedersen, Thomas Philippon, and Matthew Richardson, "Measuring Systemic Risk," *The Review of Financial Studies*, 30(1), 2017, pp.2~47.

Adrian, Tobias and Markus K. Brunnermeier, "CoVaR," *American Economic Review*, 106(7), 2016, pp.1705~1741.

Bakshi, Gurdip and Nikunj Kapadia, "Delta-Hedged Gains and the Negative Market Volatility Risk Premium," *The Review of Financial Economics*, 16(2), 2003, pp.527~566.

Benoit, Sylvain, Gilbert Colletaz, Christophe Hurlin, and Christophe Pérignon, "A Theoretical and Empirical Comparison of Systemic Risk Measures," HEC Paris Research Paper, No.FIN-2014-1030, 2013.

Bernanke, Ben S., "Monetary Policy Report to the Congress," 2006.

Bertsias, Dimitris, Leonid Kogan, and Andrew W. Lo, "When Is Time Continuous," *Journal of Financial Economics*, 55(2), 2000, pp.173~204.

Brownlees, Christian T. and Robert F. Engle, "Volatility, Correlation and Tails for Systemic Risk Measurement," *SSRN Electronic Journal*, 2012.

Engle, Robert, "Dynamic Conditional Correlation: A Simple Class of Multivariate Generalized Autoregressive Conditional Heteroskedasticity Models," *Journal of Business & Economic Statistics*, 20(3), 2002, pp.339~350.

FSB, *Holistic Review of the March Market Turmoil*, 2020.

Glosten, Lawrence R., Ravi Jagannathan, and David E. Runkle, "On the Relation between the Expected Value and the Volatility of the National Excess Return on Stocks," *The Journal of Finance*, 48(5), 1993, pp.1779~1801.

Gorton, Gary and Andrew Metrick, "Securitized Banking and the Run on Repo," *Journal of Financial Economics*, 104(3), 2012, pp.425~451.

Huang, Wenqian and Előd Takáts, "The CCP-bank Nexus in the Time of Covid-19," *BIS Bulletin*, No. 13, 2020.

Löffler and Raupach, “Pitfalls in the Use of Systemic Risk Measures,” *Journal of Financial and Quantitative Analysis*, 53(1), 2018, pp.269~298.

<웹사이트>

금감원 금융통계정보시스템(https://fisis.fss.or.kr/page/main.jsp, 접속일: 2021. 11. 15).

한국예탁결제원(https://www.ksd.or.kr/ko/, 접속일: 2021. 11. 15).

한국은행 ECOS(https://ecos.bok.or.kr/#/, 접속일: 2021. 11. 15).

FnGuide(https://www.fnguide.com/, 접속일: 2021. 11. 15).

FSB(https://data.fsb.org/dashboard/Time%20Series%20View, 접속일: 2021. 11. 15).

부 록

[부도 1] 2020년 3월 자산시장 변동성과 주요국 중앙은행의 정책수단

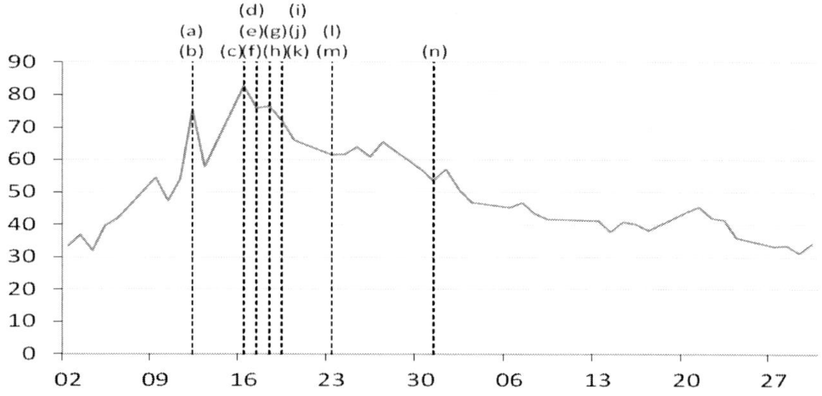

주: 점선은 주요 정책수단 시행일을 나타냄: (a) 캐나다중앙은행 채권바이백프로그램, (b) 유럽중앙은행 자산매입프로그램 확대(APP), (c) 일본중앙은행 자산매입 확대, (d) 영란은행 코로나19 기업금융기구(CCFF), (e) 연방준비제도 기업어음매입기구(CPFF), (f) 연방준비제도 프라이머리딜러 신용공여(PDCF), (g) 유럽중앙은행 팬데믹 긴급 자산매입프로그램(PEPP), (h) 연방준비제도 머니마켓 뮤추얼펀드 유동성지원기구(MMLF), (i) 호주중앙은행 국채 매입, (j) 영란은행 자산매입기구 확대, (k) 중앙은행 US 달러 스왑 라인, (l) 연방준비제도 회사채매입프로그램(PMCCF, 발행시장), (m) 연방준비제도 회사채매입프로그램(SMCCF, 유통시장), (n) 연방준비제도 FIMA Repo 기구.

자료: FSB, *Holistic Review of the March Market Turmoil*, 2020.

<부표 1> 주요 중앙은행의 자산매입조치

조치	매입 자산	기타 조치
연방준비제도 기업어음매입기구 (CPFF) ‘20.3.17~‘21.3.17.	- 최소 A1/P1/F1 등급의 미화 표시 3개월물 기업어음	- 뉴욕 연방준비은행의 대출을 통해 특수목적기구(special purpose vehicle: SPV)가 매입 진행 - 미 재무부는 100억달러의 특수목적기구 지분을 소유
연방준비제도 회사채매입 프로그램 (PMCCF & SMCCF) ‘20.3.23~‘20.12.31.	- 만기가 발행시장에서 4년 이하, 유통시장에서 5년 이하인 비은행 미국 투자등급 회사가 발행한 회사채 - 만기 4년 이하인 신디케이트론 - 투자 목적의 미 상장 ETF 중 미국 회사채 시장에 널리 알려진 자산	- 뉴욕 연방준비은행의 대출을 통해 특수목적기구(special purpose vehicle: SPV)가 매입 진행. - 미 재무부는 750억달러의 특수목적기구 지분을 소유
영란은행 코로나19 기업금융기구 (CCFF) ‘20.3.17~‘21.3.16.	- 투자등급의 영국 기업이 발행한 1년 이하의 기업어음	- 영란은행이 영국 재무성 대행으로 매입조치 진행
유럽중앙은행 팬데믹 긴급 자산매입프로그램 (PEPP) ‘20.3.18~‘21.6.30.	- 유로화 표시 공공부문 자산, 투자등급 기업어음, 자산유동화증권(ABS), 커버드본드(이중상환청구권부 채권)	총매입액 1조 3,500억유로1

주: 1) 2020년 12월, 유럽중앙은행은 PEPP 규모를 1조 8,500억유로까지 확대.
자료: FSB, *Holistic Review of the March Market Turmoil*, 2020.

[부도 2] 코로나19 충격에 따른 아시아 중앙청산소의 개시증거금 인상

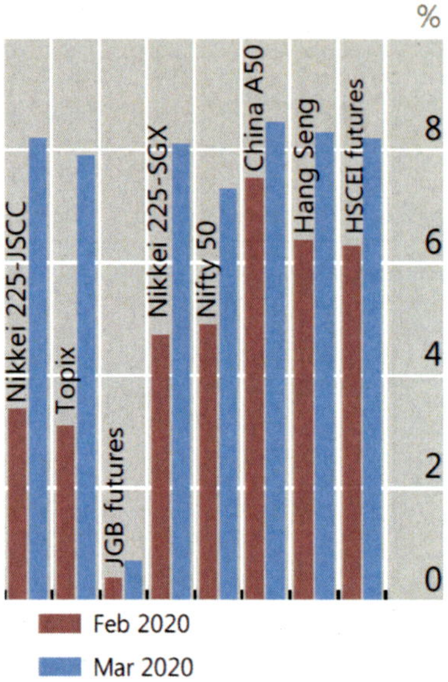

자료: Huang and Takáts(2020).

[부도 3] 금융권역 간 상호거래 현황(2017년 6월 말 기준)

(단위 : 조원)

채무자 / 채권자	은행	보험	증권	여전	저축은행	합계
은행	88.0	7.4	24.8	12.6	0.1	132.9
보험	72.9	4.1	10.2	9.4	0.0	96.7
증권	53.0	0.8	13.4	18.9	0.3	86.4
여전	2.8	0.0	1.8	0.1	0.0	4.8
저축은행[2]	0.5	0.0	0.4	0.1	0.0	1.0
합계	217.3	12.3	50.6	41.2	0.4	321.8

1) 익스포저 개념으로서 장외파생상품 신용환산액 미사용 약정 등 포함
2) 저축은행은 규모가 크지 않아 상호 연계성 그래프(左)에서는 제외

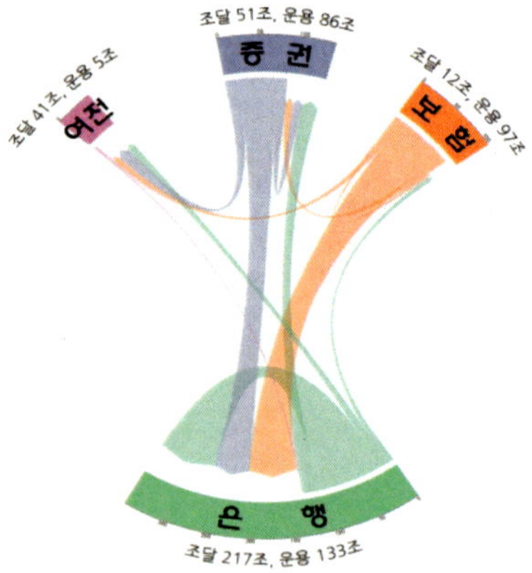

자료: 금융감독원(2018).

<부표 2> 주요국 금융시장의 기능정상화 조치

정책수단		구체적 사례(시행 국가)
자산매입	정부채권	3.12. 채권바이백프로그램(캐나다) 3.12. 자산매입프로그램 확대(유럽연합) 3.16. 정부채 및 국채 매입규모 확대(일본) 3.19. 국채수익률을 0.25%로 지정하여 3년물 국채 매입(호주) 3.19. 자산매입기구 확대(영국) 3.23. “필요한 규모”만큼의 국채 매입(미국)
	위험자산	3.16. 회사채, 기업어음, ETF 매입 확대(일본) 3.17. 기업금융기구(CCFF)(영국) 3.17. 기업어음매입기구(CPFF)(미국) 3.18. 팬데믹 긴급 자산매입프로그램(PEPP)(유럽연합) 3.23. 회사채 매입프로그램(PMCCF & SMCCF)(미국)
은행을 대상으로 광범위한 유동성 지원	각국 통화	공개시장조작 빈도 및 규모 확대(다수 국가) 적격담보증권 확대 운용(다수 국가) 3.24. 비상시 유동성 지원프로그램(영국) 3.26. 유동성 공급 대상 확대(한국) 4.30. 팬데믹 긴급 장기대출프로그램(유럽연합)
	미 달러	외화 통화 스와프(다수 국가) 3.15/19. 14개국 달러 통화 스와프 협정 체결 3.31. FIMA Repo 기구(미국 외 다수)
특정 대상에 유동성 지원		3.17. 프라이머리딜러 신용공여(PDCF)(미국) 3.18. 머니마켓 뮤추얼펀드 유동성 지원기구(MMLF)(미국) 3.31. 중앙은행, 국고채전문딜러 소유 국채 매입(튀르키예) 4.27. 특수유동성지원기구 비은행 금융기관 대상 설립(인도)
제도 관련 조치		은행의 완충자본 활용을 통한 대출 지원 장려(다수 국가) 레버리지 비율 산정 시 지준예치금 제외(다수 국가) 3.17. 자본적정성 산정 시 프로그램 자산 포함 일시적 면제(미국) 3.19. 머니마켓 펀드 스폰서의 관계기관 자산매입 허용(미국) 4.9. 레버리지 비율 산정 시 정부채권 포함 일시적 면제(캐나다)

자료: FSB, *Holistic Review of the March Market Turmoil*, 2020.

<부표 3> 시스템리스크 추정 대상

CoVaR 시계열 추정 대상		
은행(5)	증권(5)	보험(5)
신한금융지주	미래에셋증권	삼성생명보험
KB금융지주	NH투자증권	한화생명보험
하나금융지주	한국투자증권	미래에셋생명보험
우리금융지주	삼성증권	롯데손해보험
기업은행	메리츠증권	DB손해보험

주: CoVaR 시계열 추정 대상 리스트는 위에서부터 아래로 2019년 총자산 규모 순임.

<부표 4> 2006년 1월~2020년 12월 업권별 지수/5대 기관 CoVaR와 Asset VaR

변수	은행업 지수	신한금융 지주	KB금융 지주	하나금융 지주	우리금융 지주	기업은행
CoVaR	2.03 (1.12)	1.79 (1.03)	1.67 (1.00)	1.63 (0.91)	1.80 (1.02)	1.61 (0.97)
Asset VaR	2.76 (1.22)	3.05 (1.16)	3.10 (1.40)	3.60 (1.58)	3.15 (0.90)	3.08 (1.40)
	증권업 지수	미래에셋 증권	NH투자 증권	한국투자 증권	삼성증권	메리츠 증권
CoVaR	1.75 (1.07)	1.53 (0.95)	1.51 (0.95)	1.36 (0.81)	1.56 (0.92)	1.20 (0.94)
Asset VaR	3.27 (1.41)	3.88 (1.66)	3.69 (1.47)	3.95 (1.33)	3.24 (1.27)	3.76 (1.49)
	보험업 지수	삼성생명	한화생명	미래에셋 생명	롯데손해 보험	DB손해 보험
CoVaR	1.64 (0.96)	1.08 (0.50)	1.04 (0.47)	0.58 (0.30)	0.78 (0.71)	1.13 (0.80)
Asset VaR	2.39 (1.01)	2.59 (0.99)	2.94 (1.23)	3.01 (1.33)	3.71 (2.14)	3.95 (1.71)

주: 1) 5개 은행(신한금융지주, KB금융지주, 하나금융지주, 우리금융지주, IBK기업은행), 5개 증권사(미래에셋증권, 메리츠증권, 한국투자금융지주, NH투자증권, 삼성증권), 5개 보험사(미래에셋생명, 삼성생명, 한화생명, DB손해보험, 롯데손해보험) 대상.
2) 괄호 안의 수치는 표준편차임.
자료: FnGuide의 주가수익률 자료를 바탕으로 저자 계산.

<부표 5> 글로벌 금융위기 기간 업권별 지수/5대 기관 CoVaR와 Asset VaR

변수	은행업 지수	신한금융 지주	KB금융 지주	하나금융 지주	우리금융 지주	기업은행
CoVaR	5.24 (1.82)	4.78 (1.69)	4.48 (1.54)	4.26 (1.48)	- -	4.43 (1.54)
Asset VaR	6.58 (2.07)	6.71 (1.64)	7.18 (2.10)	8.73 (2.79)	- -	7.18 (2.61)
	증권업 지수	미래에셋 증권	NH투자 증권	한국투자 증권	삼성증권	메리츠 증권
CoVaR	4.73 (1.68)	4.17 (1.64)	4.14 (1.61)	3.59 (1.37)	4.16 (1.39)	3.76 (1.33)
Asset VaR	6.31 (2.23)	7.63 (2.58)	7.07 (2.41)	6.21 (1.36)	5.07 (1.58)	5.74 (2.61)
	보험업 지수	삼성생명	한화생명	미래에셋 생명	롯데손해 보험	DB손해 보험
CoVaR	4.30 (1.62)	- -	- -	- -	2.81 (0.96)	3.40 (1.52)
Asset VaR	4.62 (1.52)	- -	- -	- -	6.04 (2.27)	8.92 (3.57)

주: 1) 4개 은행(신한금융지주, KB금융지주, 하나금융지주, IBK기업은행), 5개 증권사(미래에셋증권, 메리츠증권, 한국투자금융지주, NH투자증권, 삼성증권), 2개 보험사(DB손해보험, 롯데손해보험) 대상.

2) 글로벌 금융위기 기간은 2008년 4분기에서 2009년 2분기까지로 설정함.

3) 괄호 안의 수치는 표준편차임.

자료: FnGuide의 주가수익률 자료를 바탕으로 저자 계산.

<부표 6> 유럽 재정위기 기간 업권별 지수/5대 기관 CoVaR와 Asset VaR

변수	은행업 지수	신한금융 지주	KB금융 지주	하나금융 지주	우리금융 지주	기업은행
CoVaR	2.12 (0.70)	1.87 (0.63)	1.81 (0.60)	1.65 (0.62)	- -	1.66 (0.61)
Asset VaR	2.87 (0.78)	3.18 (0.76)	3.22 (0.90)	3.77 (0.80)	- -	3.47 (0.82)
	증권업 지수	미래에셋 증권	NH투자 증권	한국투자 증권	삼성증권	메리츠 증권
CoVaR	1.80 (0.67)	1.56 (0.56)	1.51 (0.55)	1.34 (0.48)	1.60 (0.60)	1.26 (0.65)
Asset VaR	3.22 (0.83)	4.00 (1.11)	4.05 (1.32)	4.23 (0.89)	3.49 (0.96)	2.82 (0.49)
	보험업 지수	삼성생명	한화생명	미래에셋 생명	롯데손해 보험	DB손해 보험
CoVaR	1.61 (0.63)	1.19 (0.50)	1.19 (0.47)	- -	0.84 (0.49)	1.08 (0.45)
Asset VaR	2.10 (0.46)	2.42 (0.65)	2.99 (0.79)	- -	2.52 (0.46)	3.76 (0.73)

주: 1) 4개 은행(신한금융지주, KB금융지주, 하나금융지주, IBK기업은행), 5개 증권사(미래에셋증권, 메리츠증권, 한국투자금융지주, NH투자증권, 삼성증권), 4개 보험사(삼성생명, 한화생명, DB손해보험, 롯데손해보험) 대상.

2) 유럽 재정위기 기간은 2010년 1분기에서 2012년 2분기까지 설정함.

3) 괄호 안의 수치는 표준편차임.

자료: FnGuide의 주가수익률 자료를 바탕으로 저자 계산.

<부표 7> 코로나19 충격 기간 업권별 지수/5대 기관 CoVaR와 Asset VaR

변수	은행업 지수	신한금융 지주	KB금융 지주	하나금융 지주	우리금융 지주	기업은행
CoVaR	3.31 (1.69)	3.03 (1.62)	2.82 (1.50)	2.80 (1.49)	2.62 (1.58)	2.95 (1.56)
Asset VaR	4.24 (1.62)	4.36 (1.53)	4.63 (1.84)	4.98 (1.97)	3.93 (1.37)	4.17 (1.71)
	증권업 지수	미래에셋 증권	NH투자 증권	한국투자 증권	삼성증권	메리츠 증권
CoVaR	3.12 (1.70)	2.77 (1.56)	2.79 (1.54)	2.50 (1.41)	2.75 (1.42)	2.28 (1.51)
Asset VaR	4.51 (2.17)	5.53 (2.91)	4.71 (1.96)	5.72 (2.66)	4.49 (2.24)	4.93 (2.51)
	보험업 지수	삼성생명	한화생명	미래에셋 생명	롯데손해 보험	DB손해 보험
CoVaR	2.88 (1.53)	2.39 (1.22)	2.11 (1.18)	1.05 (0.67)	1.68 (1.28)	1.94 (1.28)
Asset VaR	3.70 (1.66)	4.27 (2.29)	5.96 (3.38)	4.01 (2.21)	5.08 (2.10)	5.10 (1.56)

주: 1) 5개 은행(신한금융지주, KB금융지주, 하나금융지주, 우리금융지주, IBK기업은행), 5개 증권사(미래에셋증권, 메리츠증권, 한국투자금융지주, NH투자증권, 삼성증권), 5개 보험사(미래에셋생명, 삼성생명, 한화생명, DB손해보험, 롯데손해보험) 대상.
2) 코로나19 충격 기간은 2020년 1분기에서 2020년 2분기까지 설정함.
3) 괄호 안의 수치는 표준편차임.

자료: FnGuide의 주가수익률 자료를 바탕으로 저자 계산.

<부표 8> 2020년 마진콜 사태 시 업권별 지수/5대 기관 CoVaR와 Asset VaR

변수	은행업 지수	신한금융 지주	KB금융 지주	하나금융 지주	우리금융 지주	기업은행
CoVaR	4.93 (2.11)	4.53 (2.04)	4.24 (1.93)	4.19 (1.93)	4.94 (2.29)	4.42 (1.97)
Asset VaR	5.29 (1.92)	5.14 (1.61)	5.58 (2.20)	5.76 (2.32)	5.69 (2.15)	5.50 (2.29)
	증권업 지수	미래에셋 증권	NH투자 증권	한국투자 증권	삼성증권	메리츠 증권
CoVaR	4.75 (2.12)	4.30 (1.96)	4.26 (1.93)	3.92 (1.74)	4.08 (1.76)	3.75 (1.90)
Asset VaR	5.73 (2.90)	6.90 (3.96)	5.71 (2.49)	6.58 (3.21)	5.23 (2.94)	7.41 (4.42)
	보험업 지수	삼성생명	한화생명	미래에셋 생명	롯데손해 보험	DB손해 보험
CoVaR	4.41 (1.96)	3.77 (1.52)	3.52 (1.48)	1.78 (0.97)	3.00 (1.59)	3.12 (1.76)
Asset VaR	4.60 (1.91)	6.51 (2.76)	7.73 (3.84)	6.15 (3.15)	6.61 (2.75)	6.21 (2.11)

주: 1) 5개 은행(신한금융지주, KB금융지주, 하나금융지주, 우리금융지주, IBK기업은행), 5개 증권사(미래에셋증권, 메리츠증권, 한국투자금융지주, NH투자증권, 삼성증권), 5개 보험사(미래에셋생명, 삼성생명, 한화생명, DB손해보험, 롯데손해보험) 대상.
2) 2020년 마진콜 사태 기간은 2020년 3월로 설정함.
3) 괄호 안의 수치는 표준편차임.
자료: FnGuide의 주가수익률 자료를 바탕으로 저자 계산.

<부표 9> ELS 발행잔액이 시스템리스크에 미치는 영향 추정 회귀분석 대상

회귀분석 대상			
은행(3)	증권(15)		
	미래에셋증권	키움증권	교보증권
신한금융지주	NH투자증권	대신증권	DB금융투자
KB금융지주	한국투자증권	유안타증권	유진투자증권
하나금융지주	삼성증권	신영증권	현대차증권
	메리츠증권	한화투자증권	SK증권

주: 각 금융지주사의 계열사인 신한금융투자, KB증권, 하나금융투자가 ELS를 발행하였으므로, 신한, KB, 하나금융지주를 회귀분석 대상에 포함함.

<부표 10> 기업별 주가수익률 기술통계량

(단위: %)

연도	평균	중간값	표준편차	최소	최대
신한금융투자	0.06	0.00	4.22	-15.42	17.36
KB금융투자	0.09	-0.18	4.45	-22.24	20.80
하나금융투자	0.10	-0.12	5.32	-36.74	29.63
미래에셋증권	0.10	0.00	5.86	-30.10	30.49
NH투자증권	0.06	0.00	5.44	-24.44	20.42
한국금융지주	0.25	-0.14	5.99	-32.39	25.64
삼성증권	0.08	-0.13	4.93	-23.89	19.40
메리츠증권	0.27	-0.12	5.44	-26.47	32.02
키움증권	0.39	0.20	6.56	-22.32	47.72
대신증권	0.06	-0.05	4.98	-29.64	28.70
유안타증권	0.10	-0.22	6.99	-34.29	39.44
신영증권	0.13	0.00	3.65	-23.30	31.95
한화투자증권	0.00	-0.27	6.36	-34.01	32.52
교보증권	0.13	0.00	6.36	-38.95	30.64
DB금융투자	0.08	-0.15	5.64	-28.90	33.58
유진투자증권	0.09	-0.39	6.95	-39.67	67.79
현대차증권	0.22	0.00	5.82	-35.88	41.20
SK증권	0.12	-0.37	6.41	-31.80	42.73

자료: FnGuide(접속일: 2021. 11. 15).

<부표 11> 글로벌 금융위기 시 ELS 발행잔액－ΔCoVaR 간 위계적 다중회귀분석

	종속변수: Delta CoVaR DCC						
ln(ELS발행잔액+1)	7.731*** (0.642)	7.412*** (0.655)	7.076*** (0.610)	6.822*** (0.685)	5.503*** (0.532)	3.103*** (0.548)	1.802*** (0.555)
총자산		-0.030** (0.013)	0.004 (0.013)	0.006 (0.013)	0.002 (0.010)	-0.010 (0.010)	-0.010 (0.009)
자산 대비 자본비율			6.951*** (0.708)	6.744*** (0.753)	4.599*** (0.589)	0.680 (0.672)	0.062 (0.650)
한국 기준금리(%)				0.015 (0.018)	0.724*** (0.038)	0.638*** (0.036)	0.618*** (0.035)
미국 기준금리(%)					-1.443*** (0.071)	-1.276*** (0.068)	-1.361*** (0.066)
GDP(yoy)						-0.621*** (0.062)	-0.309*** (0.073)
소비자물가지수 (yoy)							0.205*** (0.028)
기관별 고정효과	O						
관측치	623	623	623	623	623	623	623

주: 1) 글로벌 금융위기 기간은 2008년 4분기~2009년 2분기로 설정함.
2) Standard errors in parentheses(*p<0.1, **p<0.05, ***p<0.01).

<부표 12> 유럽 재정위기 시 ELS 발행잔액 – ΔCoVaR 간 위계적 다중회귀분석

	종속변수: Delta CoVaR DCC						
ln(ELS 발행잔액+1)	0.452*** (0.036)	0.477*** (0.038)	0.480*** (0.038)	0.263*** (0.048)	0.264*** (0.048)	0.246*** (0.050)	0.263*** (0.050)
총자산		-0.001** (0.001)	-0.001** (0.001)	-0.002*** (0.001)	-0.002*** (0.001)	-0.002*** (0.001)	-0.001*** (0.001)
자산 대비 자본비율			-0.448 (0.281)	0.268 (0.293)	0.261 (0.294)	0.313 (0.297)	0.348 (0.297)
한국 기준금리(%)				0.103*** (0.014)	0.101*** (0.014)	0.063* (0.033)	0.021 (0.039)
미국 기준금리(%)					0.250 (0.433)	0.199 (0.435)	0.162 (0.435)
GDP(yoy)						-0.012 (0.009)	-0.017* (0.010)
소비자물가지수 (yoy)							0.021* (0.011)
기관별 고정효과	O						
관측치	1,841	1,841	1,841	1,841	1,841	1,841	1,841

주: 1) 유럽 재정위기 기간은 2010년 2분기~2012년 1분기로 설정함.
2) Standard errors in parentheses(*p<0.1, **p<0.05, ***p<0.01).

<부표 13> 코로나19 위기 시 ELS 발행잔액-ΔCoVaR 간 위계적 다중회귀분석

	종속변수: Delta CoVaR DCC						
ln(ELS 발행잔액+1)	5.450*** (0.711)	5.097*** (0.707)	4.925*** (0.704)	1.059*** (0.363)	0.974*** (0.256)	1.205*** (0.229)	1.205*** (0.229)
총자산		0.022*** (0.007)	0.023*** (0.007)	0.001 (0.004)	0.001 (0.002)	0.004* (0.002)	0.004* (0.002)
자산 대비 자본비율			15.458** (6.953)	-4.498 (3.378)	-4.488* (2.377)	3.022 (2.329)	3.022 (2.329)
한국기준금리(%)				-1.203*** (0.044)	0.409*** (0.114)	0.236** (0.104)	0.236** (0.104)
미국기준금리(%)					-0.596*** (0.040)	-0.595*** (0.036)	-0.595*** (0.036)
GDP(yoy)						0.040*** (0.005)	0.040*** (0.005)
소비자물가지수 (yoy)							0.000 (.)
기관별 고정효과	O						
관측치	234	234	234	234	234	234	234

주: 1) 코로나19 위기 기간은 2020년 2월 ~ 2020년 4월로 설정함.
2) Standard errors in parentheses(*p<0.1, **p<0.05, ***p<0.01).

MES(Marginal Expected Shortfall)는 다음과 같이 정의한다.

$$MES_{it}(C) = \mathrm{E}_t(r_{it+1} | r_{mt+1} < C)$$

즉 MES는 금융시스템 수익률 r_{mt+1}이 C를 하회할 경우 금융기관의 수익률 $r_{i,t+1}$의 기댓값으로 정의된다.

본 연구에서는 Brownleess and Engle(2012)을 따라 C = -2%로 설정하였다.

$$\begin{aligned} MES_{i,t} &= \alpha + \beta_1 \ln(ELS_{i,t} + 1) + \beta_2 asset_{i,t} \\ &\quad + \beta_3 capital_{i,t} + \gamma X_t + u_i + \varepsilon_{i,t} \end{aligned}$$

<부표 14> 회귀분석 기간별 MES 평균 · 표준편차 · 최대 · 최소

변수	평균	표준편차	최대	최소
① 글로벌 금융위기(2008. 10 ~ 2009. 6)	8.71	2.84	18.94	3.77
② 유럽 재정위기(2010. 4 ~ 2012. 3)	4.49	1.39	12.34	1.60
③ 코로나19 위기(2020. 2 ~ 2020. 4)	6.11	2.88	15.43	1.55
④ 글로벌 금융위기 후 ~ 유럽 재정위기 전	4.82	1.12	8.69	1.86
⑤ 유럽 재정위기 후 ~ 코로나19 위기 전	4.01	1.26	19.05	1.42

<부표 15> ELS 발행잔액이 MES에 미치는 영향 추정 회귀분석

	(1) 글로벌 금융위기	(2) 유럽 재정위기	(3) 코로나19 위기	(4) (1) 이후 (2) 이전	(5) (2) 이후 (3) 이전
ln(ELS 발행잔액)	2.027*** (0.078)	0.234** (0.103)	5.152*** (0.869)	0.056*** (0.009)	-0.043* (0.025)
총자산	-0.080 (0.136)	0.005 (0.004)	-0.065 (0.050)	0.039*** (0.005)	-0.000 (0.000)
자산 대비 자본비율	12.329** (5.493)	8.458*** (0.140)	73.069*** (5.492)	3.625*** (1.030)	-3.057*** (0.953)
한국 기준금리(%)	1.512** (0.666)	-0.009 (0.221)	-4.205*** (0.483)	-3.369*** (0.713)	-0.218 (0.181)
미국 기준금리(%)	-2.318*** (0.654)	1.663 (1.506)	-1.413*** (0.022)	-1.734* (0.891)	-0.335*** (0.122)
GDP(yoy)	-0.159 (0.691)	-0.152** (0.067)	-0.149*** (0.040)	-0.075*** (0.009)	-0.232*** (0.028)
소비자물가지수 (yoy)	0.715*** (0.026)	0.087*** (0.008)	0.000 (.)	0.289*** (0.001)	-0.141*** (0.029)
기관별 고정효과			O		
관측치	623	1783	234	624	7259

주: Standard errors in parentheses(*p<0.1, **p<0.05, ***p<0.01).

<부표 16> 글로벌 금융위기 시 ELS 발행잔액－MES 간 위계적 다중회귀분석

	종속변수: MES						
ln(ELS 발행잔액)	6.413*** (1.036)	5.933*** (1.017)	4.758*** (0.971)	3.233*** (0.941)	3.075*** (0.922)	2.633*** (0.921)	2.027** (0.928)
총자산		-0.384*** (0.072)	-0.216*** (0.071)	-0.066 (0.070)	-0.069 (0.068)	-0.088 (0.068)	-0.080 (0.067)
자산 대비 자본비율			33.970*** (3.959)	24.142*** (3.952)	20.757*** (3.919)	12.591*** (4.506)	12.329*** (4.463)
한국 기준금리(%)				0.715*** (0.088)	1.914*** (0.243)	1.615*** (0.255)	1.512*** (0.254)
미국 기준금리(%)					-2.492*** (0.471)	-2.022*** (0.485)	-2.318*** (0.487)
GDP(yoy)						-1.436*** (0.403)	-0.159 (0.534)
소비자물가지수 (yoy)							0.715*** (0.199)
기관별 고정효과	O						
관측치	623	623	623	623	623	623	623

주: 1) 글로벌 금융위기 기간은 2008년 4분기~2009년 2분기로 설정함.
2) Standard errors in parentheses(*p<0.1, **p<0.05, ***p<0.01).

<부표 17> 유럽 재정위기 시 ELS 발행잔액－MES 간 위계적 다중회귀분석

	종속변수: MES						
ln(ELS 발행잔액)	0.512*** (0.043)	0.481*** (0.044)	0.491*** (0.044)	0.237*** (0.048)	0.239*** (0.048)	0.224*** (0.048)	0.234*** (0.048)
총자산		0.011*** (0.002)	0.011*** (0.002)	0.005** (0.002)	0.005** (0.002)	0.004* (0.002)	0.005** (0.002)
자산 대비 자본비율			4.960*** (1.267)	8.024*** (1.253)	7.972*** (1.253)	8.193*** (1.252)	8.458*** (1.259)
한국 기준금리(%)				0.621*** (0.055)	0.610*** (0.055)	0.164 (0.146)	-0.009 (0.175)
미국 기준금리(%)					2.327 (1.875)	1.827 (1.876)	1.663 (1.877)
GDP(yoy)						-0.126*** (0.038)	-0.152*** (0.041)
소비자물가지수 (yoy)							0.087* (0.048)
기관별 고정효과	O						
관측치	1,783	1,783	1,783	1,783	1,783	1,783	1,783

주: 1) 유럽 재정위기 기간은 2010년 2분기 ~ 2012년 1분기로 설정함.
2) Standard errors in parentheses(*p<0.1, **p<0.05, ***p<0.01).

<부표 18> 코로나19 위기 시 ELS 발행잔액 – MES 간 위계적 다중회귀분석

	종속변수: MES						
ln(ELS 발행잔액)	26.041*** (2.833)	25.404*** (2.835)	23.732*** (2.727)	6.332*** (1.540)	5.732*** (1.516)	5.152*** (1.517)	5.152*** (1.517)
총자산		0.101* (0.053)	0.117** (0.050)	-0.052** (0.026)	-0.052** (0.026)	-0.065** (0.026)	-0.065** (0.026)
자산 대비 자본비율			232.880*** (49.306)	101.124*** (25.392)	101.320*** (24.828)	73.069*** (27.092)	73.069*** (27.092)
한국 기준금리(%)				-8.608*** (0.344)	-4.887*** (1.184)	-4.205*** (1.203)	-4.205*** (1.203)
미국 기준금리(%)					-1.393*** (0.425)	-1.413*** (0.420)	-1.413*** (0.420)
GDP(yoy)						-0.149** (0.061)	-0.149** (0.061)
소비자물가지수 (yoy)							0.000 (.)
기관별 고정효과	O						
관측치	234	234	234	234	234	234	234

주: 1) 코로나19 위기 기간은 2020년 2월 ~ 2020년 4월로 설정함.
2) Standard errors in parentheses(*p<0.1, **p<0.05, ***p<0.01).

■ ABSTRACT

Strengthening Macroprudential Management for Non-Bank Financial Institutions in Korea: Focusing on the Issuance of Equity-Linked Securities (ELS)

Jong Soo Hong

This study proposes measures to strengthen macroprudential management for non-bank financial institutions (NBFIs), such as securities firms and insurers, whose importance has grown since the 2008~2009 Global Financial Crisis. Major economies and international financial institutions have actively discussed and pursued new or enhanced supervisory and regulatory frameworks for managing NBFI-related systemic risk.

Using ΔCoVaR, a leading systemic risk metric capturing changes in conditional value at risk, this study analyzes the evolution of systemic risk among South Korea's banks, securities firms, insurers, and individual financial institutions during major financial shocks, including the Global Financial Crisis, the European Debt Crisis, and the COVID-19 pandemic. Findings reveal substantial increases in systemic risk across all sectors during each crisis, with banking generally exhibiting the highest levels. Sectoral differences varied, with risk for securities firms surging during the March 2020 margin call event, markedly narrowing the gap with banks compared to previous crises.

The study further empirically examines the impact of Equity-Linked Securities (ELS) issuance by financial institutions on systemic risk (ΔCoVaR). Results indicate that increased ELS issuance contributed significantly to heightened systemic risk during the Global Financial Crisis, the European Debt Crisis, and the COVID-19 crisis. These findings underscore the growing importance of NBFIs in macroprudential management and call for systematic monitoring with enhanced regulatory oversight of the non-bank financial sector.

KDI 신간안내

RECENT KDI PUBLICATION

인구감소 시대 인적자원의 효율적 활용을 위한 종합 연구

한요셉 · 김도헌 · 김민섭 · 이종관

연구보고서 | 253쪽 | 정가 8,000원

노동시장 전문가들의 연구와 논의를 통해 인구집단별로 기존의 노동시장 참여율이나 생산성이 낮았던 이유를 미시적으로 파악하고, 이를 토대로 인구감소가 시작되고 인구 고령화가 가속화되는 현시점에서 향후 초점을 맞추어야 할 정책 방향을 제시하였다.

건강보험 지출 증가요인 분석과 지출 효율화 방안 연구

권정현

정책연구시리즈 | 84쪽 | 정가 4,000원

건강보험 재정지출을 다각도로 분석해 건강보험 재정지출 증가를 견인하는 주요 요인을 확인하고, 건강보험 재정지출 관리를 위한 정책을 제시한다. 분석 결과, 건강보험 진료비 지출 증가에 대해 가격, 수량, 인구 요인 중 가격요인의 기여도가 가장 큰 것으로 나타났으며, 각 요인의 특성에 맞는 세부적인 대응이 필요함을 저자는 역설한다.

북한의 시장가격체계 분석과 정책적 시사점

이석 · 남진욱 · 최지영

연구보고서 | 216쪽 | 정가 7,000원

북한의 시장가격에 대한 연구를 새롭게 조명하기 위해 북한의 시장가격과 이에 대한 외부세계의 관측치 자체에 대한 본격적 논의를 시작으로 하여, 북한의 상품가격 결정 메커니즘을 분석하고, 더욱 나아가 이제까지 제대로 태클되지 않은 북한의 시장서비스가격에 대한 경제학적 분석을 시도하였다.

고령화 시대의 인플레이션 동학과 통화정책: 소비패턴을 중심으로

마창석

정책연구시리즈 | 64쪽 | 정가 4,000원

인구 고령화와 같은 장기적 구조 변화가 통화정책의 효과에 어떤 방식으로 영향을 미치는지 실증적으로 분석하고자 하였다. 분석 결과, 고령 인구의 비중이 높아질수록 금리 변화에 따른 물가 반응이 더 민감하게 나타나는 것으로 확인되었다. 즉, 고령화로 인해 통화정책이 실질소비에 미치는 효과성이 약화될 가능성이 있으므로 연령대별 인플레이션 반응 차이를 고려한 정책적 대응 마련이 필요한 것으로 나타났다.

온라인 플랫폼의 경쟁제한적 행위에 대한 연구: 앱마켓을 중심으로

김민정

정책연구시리즈 | 64쪽 | 정가 4,000원

주요국의 규율 동향을 검토하여 앱마켓 플랫폼의 주요한 경쟁제한적 행위들을 도출하고, 특히 앱마켓 플랫폼이 자체 앱마켓에 진입하는 것과 관련된 문제를 심도 있게 다루고자 하였다. 실증분석 결과, 앱마켓 플랫폼의 진입이 시장에 오히려 긍정적인 효과를 가질 수도 있는바 자사상품 판매 자체를 금지하는 것은 바람직하지 않으며, 자사상품 판매를 자사우대 행위와는 분명히 구분지어서 다룰 필요가 있는 것으로 나타났다.

국채 투자자 구성과 재정위기의 관계에 대한 연구

양주영

정책연구시리즈 | 83쪽 | 정가 4,000원

코로나19 팬데믹을 거치며 증가한 국가 부채가 국내외 금융시장에서 어떻게 소화되었는지를 국가별 비교를 통해 살펴보았다. 또한 우리나라 국채 투자자별 한계 국채 보유를 계산하고, 선행연구를 바탕으로 투자자별 국채수요의 탄력성을 추정하였다. 분석 결과, 부채 이자율을 낮추기 위해서는 외국인 투자자와 같이 수요탄력성이 높은 부문을 중심으로 국채 투자자 구성을 조정할 필요가 있는 것으로 나타났다.

수요·공급의 불확실성과 전력시장 세분화

윤여창

정책연구시리즈 | 74쪽 | 정가 4,000원

재생에너지 비중이 확대되고 변동성이 높아지는 상황에서 국내 전력시장의 구조적 한계를 극복하기 위한 방안으로 용량시장 도입과 발전원별 세분화 전략을 중점적으로 분석하였다. 재생에너지와 에너지저장장치 그리고 화력·원자력 등 기존 발전원 간의 상호작용을 이론 모형으로 구성하여 균형 분석을 수행함으로써, 기능별·발전원별 세분화가 전력시장에 미치는 영향을 구체적으로 검토하였다.

정책연구시리즈 2021-19

비은행권 금융기관에 대한 거시건전성 관리강화 방안 연구: 파생결합증권 발행을 중심으로

인 쇄 2021년 12월 28일
발 행 2021년 12월 31일

저 자 홍종수
발행인 홍장표
발행처 한국개발연구원
등 록 1975년 5월 23일 제6-0004호
주 소 세종특별자치시 남세종로 263
전 화 (044) 550-4114
팩 스 (044) 550-4310

ISBN 979-11-5932-982-1

값 4,000원